Herr Wenzel auf Rehberg und sein Knecht Kaspar Dinckel

Felix Salten

Alpha Editions

This edition published in 2022

ISBN : 9789356788534

Design and Setting By
Alpha Editions
www.alphaedis.com
Email - info@alphaedis.com

Herr Wenzel auf Rehberg und sein Knecht Kaspar Dinckel

Dieses sind die Begebenheiten / die ich jetzt erzählen will. Denn ich habe heute vernommen / wie des Kaisers Leben sich gewendet hat. Und ist von dieser Kunde ein heller Abglanz in mein Gemüt gefallen / also daß alle meine Erinnerungen aufleuchten / wie die Fenster eines Hauses in der abendlichen Sonne.

Ich war fünfundzwanzig Jahre alt und saß allein auf meinem festen Schlosse Rehberg / das in Böhmen liegt. Da kam Botschaft von meinem neuen Anverwandten Nikolaus Perrenot / dem Handwerkerssohn / der sich jetzt Herr von Granvella nannte und beim Kaiser Karl V. hoch begnadet war. Er habe gehört / schrieb mein Anverwandter / daß ich in den Wissenschaften erfahren / wie auch in der Kriegskunst wohl unterwiesen sei. Deswegen lade er mich ein / in des Kaisers Dienst zu treten und wolle sich gerne unterfangen / mir zu meinem Glück zu verhelfen. Es stünde anjetzt bei mir / den Rang und die Güter meines Geschlechtes zu mehren; am Ende gar noch das goldene Vließ zu gewinnen.

Leicht wäre es möglich / daß meine Sippe mir dereinst noch gram wird / weil ich hernach an jener Pforte / durch welche man zu hohen Würden / zu Reichtum und Kriegsglorie eingeht / infolge einer seltsamen Regung des Gemütes meine Schritte verhielt. Hat mich doch Herr Albrecht / der Markgraf von Kulmbach /einen Schelm geheißen /als ich des Kaisers Armada vor der Affäre von Geldern verließ / um für immer heimzukehren. Ich weiß es aber besser / daß ich kein Schelm bin / indem ich nicht anders handeln konnte und alles nur Gottes Wille gewesen ist / der mein Herz erschüttert und meinen Sinn gelenkt hat.

Den Zins / den meine beiden Mieter mir noch schuldeten / trieb ich damals ein und ritt / von einem Waffenknecht geleitet / gen Augsburg. Es war ein wettergrauer Morgen / als ich eben auf den großen Platz vor des Kaisers Herberge kam. Da rührte sich nun ein erstaunliches Getümmel von Kriegsvolk / Wagen und Pferden / von Edelleuten / Schalksnarren und Schreibern / dergleichen ich noch nie vorher gesehen hatte. Auch der spanischen Kleidung ward ich allhier zum erstenmal gewahr.

Indem ich also langsam durch das Jahrmarktsgedränge ritt / in dem Getöse schreiender / singender und rufender Stimmen / davon der Widerhall sich an den reichen Häusern ringsumher brach / mitten in dem tapferen Schmettern der Trompeten und den Wirbelschlägen der Becken die stattlichen Pferde mir besah / die stolzen spanischen Herren musterte / die vielen kaiserlichen und reichsfürstlichen Fahnen betrachtete / war mir / als solle mein Leben jetzt wie ein rechtes Fest anheben und von Stund ab glanzvoll vor sich gehen. Ich atmete tief / um das Lachen der Freude / das mir vom Herzen her aufstieg / nicht laut herausschallen zu lassen. Es würgte mich ein wenig am Halse / tat aber nicht weh und blieb innen. In dem wunderbaren Tumult / der mich umgab / spürte ich die Nähe der gewaltigen Majestät des Kaisers / war frohen Mutes ihm zu dienen und bis an den Rand meines Wesens geschwellt von Ehrfurcht und Zuversicht.

Wie ich bei dem schweren Fuhrwerk vorbeikam / fiel mir wegen seines sonderbaren Betragens ein Bursche auf / daß ich stille hielt und ihm eine gute Weile zusah. Er stand vor seinen beiden Pferden / redete zu ihnen / und ich sah / wie er plötzlich den Kopf des einen / es war ein schwerer Eisenschimmel / umfaßte und ihn mitten auf die breite Stirne küßte. Die beiden Tiere drangen zärtlich auf ihn ein / und wie er gerade zwischen ihren Köpfen stand / legte jedes die Schnauze an sein Ohr / das eine rechts / das andere links / so daß es schien / als wollten sie ihm freundliche Dinge sagen / und als horche er mit Heiterkeit ihrem Zuspruch. Dann wieder streichelte er ihre Wangen / faßte sie unter dem Kinnbacken / ganz wie man Weiber karessiert. Dermaßen trieb er es eine Zeitlang / schien auf nichts zu achten / mitten im lärmenden Schwalle allein sich zu fühlen und es war einem Gespräch zwischen vertrauten Freunden vergleichbar / wie er mit seinen Rössern tat und seine Gäule mit ihm. War ein hochgewachsener Bursche / breitschultrig und mit mächtigen roten Händen. Wie ich aber sein Gesicht sah / war es völlig das fröhliche / arglose Antlitz eines gesunden Kindes und im selben Augenblicke ergriff mich eine unerklärliche / beinahe heftige Zuneigung für ihn / als sei er auch mein Freund / wie er derjenige seiner Zugpferde war.

Ich ritt dann weiter / behielt aber das anmutige Bild / das sich mir geboten / in meinem Gedächtnis. Vor des Kaisers Herberge / als ich aus dem Sattel gestiegen war / fehlte mein Waffenknecht zur Stelle. Er mochte im Gewühl des Marktes sich verloren haben / und ich fand mich allein. Da begab es sich / indem ich umherspähte / wer wohl mein Pferd derweil halten könne / daß jener Bursche mit einem Male vor mich hintrat und sich dazu erbot. Mir kam wieder jene merkwürdige Zuneigung in das Herz geschossen und ich fragte ihn leutselig nach seinem Namen.

»Kaspar Dinckel / gnädiger Herr« / sagte er mit einer bescheidenen / sanften Stimme.

Als ich ihn näher inquirierte / berichtete Kaspar / daß er mit vielen anderen Fuhrleuten aufgeboten sei / die neuen Kanonen / die der Kaiser hier in Augsburg und in Ulm habe gießen lassen / der Armada voraus zu kutschieren.

Da mich sein Wesen nun einmal gefangen hatte / fragte ich ihn / ob er in meine Dienste treten wolle.

Er möchte es schon gerne / meinte er / doch müsse ich ihn zuerst seiner jetzigen Pflicht entledigen.

Wie das zu machen sei?

Ich müsse es vor dem Herrn Hauptmann Rosenzwick / dem Befehlshaber der Kartaunen und Feldschlangen anbringen. Wenn der ihm die Freiheit verwillige und ihn aus dem Gedinge lasse / sei es getan.

Mir war ohnehin der Mut in dieser letzten Stunde gar hoch gestiegen und hier auf dem Markte zu Augsburg dachte ich am Borne aller Gnaden angelangt zu sein / aus dem ich mit vollen Händen schöpfen und ein paar Tropfen wohl verspritzen dürfe. Es stach mich / vor diesem lieben Gesellen als ein vielmögender Herr dazustehen und ich entgegnete mit wichtiger Miene / daß ich dem Herrn Hauptmann Rosenzwick schon ein Wörtlein sagen wolle. Hierauf wandte ich mich ab / um des Kaisers Haus zu betreten / sah aber noch / wie dem Fuhrknecht der helle Freudenfunke aus den Augen sprang / und gelobte mir / mein Wort noch heute zu lösen und den braven Burschen zu mir zu nehmen.

Herrn Nikolaus Perrenot traf ich in einem Prunkgemach / wo kostbare / gewebte Bilder aus Flandern von den Wänden niederhingen. Es war ein stolzer Mann mit einem blassen / klugen Antlitz / hatte einen langen / weißen Bart / durch den ich die verkniffenen Lippen sah. Ich war ihm nie vorher begegnet und es bestand keine Gemeinschaft zwischen mir und ihm / ob er gleich mein Anverwandter hieß. Sein Vater war nämlich in Burgund nur ein niedriger Schlosser gewesen und ich meinte nicht anders / als daß er mich mit einer geziemenden Devotion empfangen werde / weil ich ja doch aus edlem Blute stammte. Aber der Sohn des Schlossers war jetzt der Erzkanzler von Kaiser Karl; er führte den Namen Granvella nach einem Dominium in Burgund / das ihm sein Herr geschenkt / und er schien es für nichts zu achten / daß meine Base / eine Rehberg von der Czenstochauer Linie / seinen Sohn geheiratet hatte. Sein Wesen war /ungeachtet seiner geringen Herkunft / so gebieterisch / daß ich / ohne es zu wollen / vor ihm ganz schüchtern dastand / indessen er in seinem Armstuhl sitzen blieb. Er meinte / ich solle erst Soldat werden / um zu vielem Gelde zu gelangen / dann werde er mir eine Gesandtschaft anvertrauen / damit ich an einem fremden Hofe meinen Reichtum mehren könne. Ich wußte nichts / als ja zu sagen und mit dem Kopf zu nicken und es tat mir nicht wohl / wie er mich musterte und mit seinen eiskalten Augen durchsuchte.

Währenddessen wir redeten / trat ein junger Priester in den Saal / den ich sogleich als den Sohn des Granvella erkannte. Er hatte dieselben harten /

verschlossenen Mienen und diesen kühlen / herrischen Gleichmut / der ihm stolz aus den dunklen Augen sah. Indem er hörte / daß wir Vettern seien / neigte er nur leicht das Haupt gegen mich / der ich mich von seinem Anstand wie von seinem geistlichen Gewande bezwungen fand / und — ob ich gleich bei mir dachte / es müsse eigentlich umgekehrt sein — bückte ich mich tief vor ihm zu Boden. Er war damalen Zweiundzwanzig / also drei Jahre jünger als ich und war Bischof von Arras. Heute ist er Kardinal und Erzbischof von Mecheln / derweilen ich geblieben bin / was ich in jenem Augsburger Zimmer gewesen: ein armer unbegnadeter Edelmann.

Es kamen / indem ich darinnen blieb / nacheinander viele Menschen in das Gemach / vornehme und fürstliche Personen / wie ich gut merkte / und waren auch etliche Vließritter mit dabei. Betrugen sich aber alle mit vieler Unterwürfigkeit gegen den Sohn des Schlossers und nahten ihm mit Schmeichelworten. Konnten jedoch über die Schranken / die er mit seinen kalten Manieren rings um sich aufgerichtet hatte / nicht hinweg in seine Vertraulichkeit gelangen. Während die Türen gingen / vernahm ich aus der Tiefe des Hauses ein wütendes Hundegebell. Mir aber schien es nicht wie das Bellen richtiger Hunde / vielmehr als ob Possenreißer es wollten nachahmen und des Spaßes wegen vortäuschten. Eben hatten sie ein ganz erschreckliches Heulen angehoben / als ein paar von des Kaisers Sekretären heftig eintraten / unter ihnen Herr Johann Obernburger / für die Reichssachen angestellt / stattlich anzusehn und fett vom Leibe / daß er schnaufen mußte. Es war der einzige / den ich von früher her kannte. Dieser kehrte sich zu dem Großkanzler und fing mit Getöse seine Beschwerde an. Es sei wohl gerecht / wenn der Kaiser die Verleumder strafe / indem er sie auf allen Vieren laufen und gleich dem Hundegezücht bellen lasse. Man könne aber vor solchem Satanslärm nicht arbeiten / werde empfindlich gestört und glaube zuletzt / es gäbe nichts als lauter Verleumder auf der Welt.

Der Schimmer eines Lächelns flog an dem starren Antlitz des Nikolaus Perrenot vorbei / indem er sprach / die Verleumder wüßten eben auf jede Weise die Arbeit der Rechtschaffenen zu kreuzen und man könne ihnen nirgends beikommen.

Der Bischof von Arras befahl: »Laßt sie solange schweigen.«

Ich vernahm dergleichen Dinge mit Staunen und es war mir nicht anders / als sei ich hier im Vorsaal der göttlichen Gerechtigkeit. Noch eine Weile ließ sich das Bellen vernehmen / dann ward es plötzlich still. Ich aber fühlte anjetzt zum zweiten Male und noch weit heftiger als auf dem Markte draußen die Nähe der kaiserlichen Person und erkannte wohl / daß er von Gott gesetzet sei / schon auf Erden hier Seligkeit und Verdammnis auszuteilen. Denn er strafte wie man in der Hölle straft und ließ die Gerechten / ob sie auch von einem Schlosser stammen mochten / im Rate an seiner Seite sitzen.

Darob kam eine große Andacht in mein Herz / daß ich die Mauern des Hauses / darin ich war / mit meinen Blicken durchdringen wollte / um der Herrlichkeit Seiner Majestät ansichtig zu werden / gleichwie inbrünstige Beter durch das Gewölbe der Kirche hindurch schauen mochten / den Glanz des Höchsten einmal mit Augen zu erspähen.

Ich stand in großer Bewegung da / indessen die anderen untereinander sich besprachen / als mit einem Male alle Türen geöffnet wurden. Von weitem kamen jetzt Fanfarenklänge herein / ein hastiges Gedränge entstand und sagten etliche / so in meiner Nähe waren / daß der Kaiser eben aus der Messe komme und zur Tafel gehe. Trat auch der Bischof von Arras her zu mir und meinte in seinem kalten hochmütigen Tone: »Kommt mit / Herr Junker / den Kaiser beim Mahle zu betrachten. So könnt Ihr ihn wenigstens aus der Nähe sehen / bis ein schicklicher Anlaß sich findet / Euch zu präsentieren und seiner Gnaden zu empfehlen.«

In den Kammern all / den Treppenhäusern und Galerien / durch welche wir schritten / war ein gewaltiger Zulauf von Menschen und das Gemäuer dröhnte vom Klirren der Waffen / der schweren Sporenschritte / und vom Lärm der Stimmen. Im Saale aber / der weit und hoch war wie eine Kirche / legte sich eine festliche Stille über die Menge / gleichsam als wäre sie von einem dunklen Mantel überbreitet. In der Mitten stand ein artiger Tisch / aber nur ein einziger Stuhl davor mit der Lehne gegen die Fensterseiten / und ich verwunderte mich / daß der Kaiser allein beim Essen sitzen werde. Konnte aber diesem Umstand nicht weiter nachdenken / denn wir mußten uns sämtlich der Ordnung nach in einem weiten Bogen aufstellen. Hinter uns trat eine Reihe von Hellebardenträgern / die hielten ihre Spieße verquer / daß der helle Haufen von Kriegsvolk und Bürgersleuten nicht herzudrängen konnte. Mich hatte der gleißende Saal / die köstliche Vertäfelung / der Prunk des Geschirres und der Kristalle aufs Heftigste gespannt. Dabei fühlte ich mich bedrückt von dem Stolz / dem edlen Anstand und der reichen Kleidung all der vielen Herren rings um mich her. Ich kam mir klein und elend und gar zu nichtig vor / und mein Blut entzündete sich plötzlich in einem heißen / schmerzhaften Wünschen / mühevolle und gefährliche Taten zu vollbringen / vornehm und ausgezeichnet zu werden und mein Haupt so hoch zu tragen / wie ich es jetzt bescheiden gesenkt hielt. Ein jähes Hoffen riß sich in mir los und wie es dieser Stunde in rasendem Flug um Jahre vorausstürmte / wollte es mir schier den Atem rauben.

Unterdessen aber tat sich eine Türe auf und es kamen viele Kämmerlinge herein / Schänken / Truchsesse und Pagen in wohlgeordneten Reihen / die sich alle bei den Kredenztischen / Pfeilern und Fenstern mit ernster Miene an ihre Plätze stellten.

Nun blickte jeglicher gespannt zu der kleinen Pforte in der Schmalwand und als dort zwei Pagen in den Reichsfarben sichtbar wurden / neigten sich alle auf einmal so tief sie nur konnten zur Erde / denn jetzt trat der Kaiser in den Saal.

Er hatte unser gar nicht acht / hielt nur einen Augenblick inne und reichte etlichen Personen / die hinter ihm einhergeschritten waren / die Hand. Das waren lauter kaiserliche Prinzen / Kurfürsten und regierende Herren. Durfte aber keiner mit der Majestät zu Tische gehen / sondern nahmen Urlaub / um ihre eigene Tafel aufzusuchen oder traten beiseite und schauten der kaiserlichen Mahlzeit zu / wie wir.

Ich sah / daß der Kaiser düster blickte und erschrak darum / denn ich hatte mir's anders gedacht. Hörte aber später / daß er immer ein verfinstertes Wesen habe. Es war ein wunderbar stattlicher Herr / zierlich und nicht zu hoch gewachsen und hatte eine feine Anmut der Glieder. Passierte er vor den Fenstern / wo eben die Mittagssonne hereinschien / da leuchtete sein glattes Haar goldblond. Kam er jedoch in den Pfeilerschatten / so zeigte es sich / daß es hellbraun war und einen metallischen Glanz besaß. Niemalen aber hatte ich ein Antlitz geschaut / das so bleich war wie dieses. Denn es sah aus wie das Angesicht eines Entsetzten und es war die Blässe der zarten Schläfen / der Stirne / Nase und der Wangen so gleichmäßig wie die weiße spanische Halskrause / die der Kaiser trug. Weil nun auch die Augen so erloschen und ohne allen Glanz blickten / weil ihm dazu der Mund mit seiner breiten / vorgeschobenen Unterlippe zu klaffen schien / war es / als habe man einen Toten auferweckt und als starre er / von der unermeßlichen Schwere des ewigen Schlafes noch trunken / fremd und fern in das Licht der Welt.

Als der Kaiser niedersaß / trugen sechs junge Grafen sechs goldene Schüsseln herbei und boten sie knieend dar. Der Hofmeister / Herr Philippe de Beaume / ein munterer und gefälliger Mann / den ich vorerst in Granvellas Zimmer allerlei Schnurren hatte treiben hören / stand mit unbeweglichen / völlig gefrorenen Mienen dabei und ließ kein Auge vom Kaiser. Dieser musterte die Speisen und hob dann seinen Blick gleichgültig ins Leere. Da wurden alle hinweggenommen und es kam die zweite Tracht / die wieder aus sechs Schüsseln bestand. Diesmal winkte der Kaiser und erwählte unter den leckeren Pasteten und ausländischen Gerichten nur einen Kalbskopf / der vor ihm auf den Tisch gesetzt wurde. Er nahm ein blankes Messers / löste sich vom Fleisch ein tüchtig Stück herunter und schnitt es mit dem Weißbrot zusammen in lauter kleine Brocken. Dann hob er den Teller unter das Kinn und aß / jeden Bissen mit zwei Fingern greifend / so zierlich / daß es eine Lust war. Dabei blinkte auf dem dunklen Bart seine schneebleiche zarte Frauenhand und ich erstaunte / wie er damit wohl ein Schwert oder gar eine Turnierlanze mochte rühren können.

Standen da etliche Narren / Hanswürste und Philosophen in einer Reihe / die allerhand Schabernack trieben und sich heruntermühten / es ihm mit lustigen Späßen und Sentenzen abzugewinnen. Das war jedoch / als ob sie in die leere Luft redeten. Denn von uns blickten alle nur auf den Kaiser / der aber blieb still für sich / als habe er nichts gesehen / noch vernommen. Wie er einmal verlangend das Haupt wandte / traten in ihren langen schwarzen Talaren die beiden Leibärzte an den Schänktisch und mengten aus zwei hohen Kristallkrügen den Trunk in einen großen Becher. Der Kaiser empfing ihn von Herrn Philippe de Beaume / brachte ihn an die Lippen / schloß müd die Augen und leerte den Pokal bis auf den Grund. Ich sah / wie er manchmal inne hielt und Atem schöpfte / aber er setzte dabei nicht ab. Er machte es wie die Kinder tun / die ihre Portion mit eins bewältigen wollen / und da er seinerzeit ein schwächliches Knäblein gewesen / mag ihm wohl mit vielem Zuspruch zu fleißigem Trinken angelegen worden sein / also daß er diese Art gewohnt und bis in sein Alter bewahrt hatte.

Während der Kaiser so an seinem Tische saß und das Mahl seinen Fortgang nahm / stieß mir plötzlich der Satan einen argen Gedanken vor die Stirn: daß nämlich der blasse Mann dort an seinem Tische / den wir alle mit Neugier umstanden / gar wohl einem fremdartigen / gefährlichen Tiere ähnlich sei / das hier / gezähmt / vor einer bangen Gaffermenge seine betrübten Possen agiere. Eilig aber nahm ich meine Zuflucht zur kaiserlichen Person / indem ich scharf in Obacht nahm / wie er von all den Grafen und Edlen unterwürfig bedient wurde / und wie er es in der majestätischen Ruhe seiner Gebärden im stolzen Gleichmut seiner Haltung auszusprechen schien / daß er sich ganz allein im Saale erachte / so viele Augen ihn auch bespähen mochten. Da holte ich ein ander Gleichnis aus meinem Herzen / um es dem Bösen / der mir anwollte / entgegenzustemmen. Erschien mir nämlich der Tisch mit unseres gnädigen Herrn einsamer Person wie ein weltlicher Altar / vor dem wir aus gehöriger Entfernung zusahen / wie eine bedeutsame und erhabene Handlung zelebriert wurde. Ich hatte in diesen wenigen Stunden meines Hierseins viel Macht der Erde geschaut und Größe der Welt. Jetzt in diesem Saale waren sie ja alle beisammen / die mir bisher begegnet / und ihrer noch viel mehr. Aber wo war jetzt im Angesicht des Kaisers ihr Hochmut geblieben? Bei etlichen hatte er sich aufgelöst wie neuer Schnee in der Morgensonne und sie standen kahl in ihrer Demut mit Befangenheit in den Augen. Etliche freilich hatten sich noch höher aufgerichtet / aber es war nicht ihr eigener Stolz. Sie trugen ihn nur wie des Königs Livree; er glänzte an ihnen nur als der Widerschein des Lichtes / das ihnen hier aufgegangen war. Da merkte ich / daß nur er allein von allen die Hoheit besaß / daß nur in seinem Wesen die Freiheit wohne / ihrer selbst nicht bewußt. Und jetzt erst fing ich an / mit der rechten Andacht seine Gegenwart zu verehren.

Der Kaiser stand auf / schob den Stuhl zurück und es ward darauf mit wunderbarer Schnelligkeit alles Gerät hinweggeräumt / Tische und Schüsseln und Geschirr beiseite geschafft / so daß der Saal im Nu wie ausgeleert erschien. Die Schänken / Truchsesse und das ganze übrige erlauchte Gesinde zog ab / mit tiefer Verbeugung nach rückwärts schreitend / und blieb der Kaiser allein im großen Raume stehen. Da trat ganz leise der Bischof von Arras / mein Herr Vetter / zu ihm heran / neigte sich / schlug das Kreuz / faltete die Hände und betete ihm / niedergeschlagenen Blickes / mit seiner kalten Stimme das Gratias vor. Der Kaiser sah ihm dabei mit seinen erloschenen Augen von unten her ins Gesicht und ließ die Unterlippe klaffen. Als dann der Bischof von Arras vollendet hatte / kam Herr Philippe de Beaume herbei / brachte ein Federkielchen / das der Kaiser nahm und sich mit aller Sorgfalt die Zähne stocherte. Hierauf trugen zwei kleine Pagen / die wie himmlische Engel anzusehen waren / ein silbernes Waschbecken heran / das sie knieend über ihre Lockenköpfe in die Höhe hielten und darein der Kaiser seine weißen Hände tauchte. Zuletzt trat er allein in eine Fensternische / zog ein schief Gesicht / als sei ihm übel und blickte nur so für sich hin.

Indem fing die Menge / die im Saale versammelt war / sich zu entfernen an und an meiner Seite stand plötzlich ein Schreiber / der mir sagte / er sei von Granvella gesendet: »Komm mit / ich soll Euch Euer Quartier weisen.«

Unten vor der Haustür traf ich meinen Waffenknecht mit den Pferden. Ich hatte allbereits vergessen / daß er sich heute früh / als wir hereinritten / verloren hatte. Und daß jener andere Bursche derweil meinen Gaul gewartet / daran dachte ich kaum. Nur wenige Stunden war ich im Hause des Kaisers gewesen / mir aber schien es / als hätte ich unterdessen manches Jahr durchlebt. Wie lange war das her / seit ich an dieser erlauchten Schwelle vom Sattel gestiegen? Und was war ich damals noch? Ein armer / weltunkundiger Junker. Jetzt aber meinte ich zu des Kaisers vertrauter Gesellschaft zu zählen; einer von denen zu sein / ohne welche er nicht zu Tische ging. Als ich hier die Bügel verließ / trat ich auf / wie ich es eben gewohnt war / hielt mich / ohne weiter auf mein Gehaben zu achten / und wußte es nicht besser. Jetzt aber mühte ich mich ab / den stolzen Schritt der spanischen Herren nachzuahmen / ihren feierlichen / großen Anstand / und mein Gesicht sogar versuchte die bedenkliche Wichtigkeit der Mienen anzunehmen / die ich am Kaiser gesehen hatte. Wie fern war jene Morgenstunde von diesem Mittag.

Der Schreiber führte uns durch ein paar enge Gäßchen. Seiner Reden hatte ich weiter nicht acht / da er mir von meiner Unterkunft schwatzte / und daß ich es jetzt sicherlich zufrieden sein werde / ein wenig ausruhen zu dürfen. Mir war es nicht nach stille liegen noch nach Ruhe und ich merkte scharf auf das üppige Treiben / durch das wir schritten / bestaunte die vergoldeten /

purpurn ausgeschlagenen Sänften / die uns begegneten / die Kavaliere auf prunkvoll geschirrten Pferden / die fremdländischen Soldaten / die in kleinen Rotten unter Trommelschlag dahermarschierten / die schönen Frauen / die ihren weißen Hals und ihre runden Brüste merken ließen / und dann die Kramläden / darinnen vielerlei gleißende Waren auslagen.

Wir kamen vor ein stattliches Haus / von dem mir der Schreiber sagte / es sei des Kaisers Eigentum / der eine Menge Edelleute und Offiziere in des Reiches Dienst darin wohnen lasse / und es sei auf Granvellas Befehl auch schon für mich eine Stuben allda bereitet.

Es war ein wohlstaffiertes helles Gelaß / und indem wir es betraten / sprach der Schreiber: »Hier hat bisher der Georg Dux gehaust. Kennt Ihr ihn nicht? Er ist des Bayernherzogs Wilhelm Bastard und Obrist über fünf Fahnen.«

Dieses war ein Umstand / der mich sehr in Aufregung brachte / denn ich hatte wohl eingesehen / daß hier am Hofe alles nach einer strengen Ordnung vor sich ging und nichts ohne Bedeutung geschah. Deshalb überlegte ich / es müsse wahrscheinlich kein Geringes sein / wozu mein Oheim Granvella mich ausersehen habe / weil er mich das Quartier solch eines hochgeborenen Herrn beziehen ließ.

Als dann mein Waffenknecht mit dem Reisesack kam / sah ich mich schon als einen Obristen über fünf Fahnen wie den Dux / mit einer breiten Feldschärpen um den Leib / und eine goldene Gnadenkette hatte ich mir auch schon um den Hals gedacht. Während ich auf dem schöngedielten Boden hin und her ging / war ich meinen Hoffnungen völlig dahingegeben / die mich gepackt hatten und all mein Denken in die Ferne schleiften. Ich warf mich endlich gar vor dem Kruzifix / das ob dem Bette hing / in die Knie / um den Heiland anzuflehen / er möge mir soviel Ehre geben / als ein braver Edelmann nur immer in des Kaisers Diensten gewinnen könne / und dabei stand auf einmal der schöne Herr Philippe de Beaume vor meiner Seele. Ich sah ihn mit den blütenweißen Spitzenkragen / den Borten am Kleide / mit seinem munteren / von der Wichtigkeit der Aufwartung angestrafften Gesicht / und ich dachte mir aus / daß es auch mir dereinst könne gewährt sein / dem Kaiser das Federkielchen zu reichen / wenn er gespeist hatte.

Mein Waffenknecht / der ein stiller / unterwürfiger Mann war / ließ mich zufrieden / da er mich so in mich selbst versunken sah / und ordnete nur schweigsam / auf den Fußspitzen hin und her gehend / meine Habseligkeiten. Wie ich aber dann meine Kleider musterte und bekümmert überlegte / daß es doch ein gar zu unansehnlicher Staat sei / unterfing er sich mich anzureden.

»Ein tolles Wesen / hier in Augsburg ... gnädiger Junker« / meinte er leise.

»Schön ist's / lieber Jakob« / sagte ich darauf / so recht aus meiner Freude heraus.

»Hab' dergleichen mein Lebtag nicht gesehen« / ließ er sich wieder vernehmen.

»Dein Herr auch nicht« / gab ich ihm zurück.

»Ich muß den Herrn noch um Verzeihung bitten / daß ich am Tor nicht zur Stelle gewesen« / sprach Jakob weiter. »In dem höllischen Treiben hier hab' ich mich so verwirrt / daß ich nicht aus noch ein wußte... ist aber ein tüchtiger Kerl / der Euer Gnaden Pferd am Zügel hielt.«

Bei diesen Worten erst fiel mir der Fuhrknecht wieder ein / und mit einer seltsamen Rührung mußte ich des zärtlichen Spieles mich erinnern / das er mit seinen Gäulen getrieben.

»Hat er geschwatzt mit Dir und hast ihm was für seine Mühe gegeben?«

»Geschwatzt hat er gar nicht« / berichtete Jakob / »und was ich ihm geben wollte / hat er nicht genommen.«

»Warum nicht?«

»Er lachte mich aus und meinte / für Euer Gnaden sei es gern geschehen.«

»Hättest ihm trotzdem was geben müssen« / schalt ich.

»Ja geben« / erwiderte Jakob. »Er hat sich's nicht aufdrängen lassen. >Den lieben Herrn seh' ich schon wieder< / rief er und war weg.«

Mir war's ordentlich wie eine Freude / daß dieser Bursch mich einen lieben Herrn nannte. Und daß er's dem Jakob nicht gleich aufgebunden hatte / ich wolle ihn zu mir nehmen / erschien mir als eine zarte Handlung. Jetzt aber empfand ich es auch plötzlich sehr stark / daß ich mein Wort bei ihm gelassen und noch mit keinem Gedanken eingelöst hatte und ich wollte sogleich zu ihm senden / damit er mir seinen Hauptmann weise.

»Weißt Du wie der Bursche heißt?« fragte ich Jakob.

»Nein.«

»Also / er heißt Kaspar Dinckel und ist von den Fuhrleuten...«

In diesem Augenblick ward die Türe aufgestoßen / ein Page lief erhitzt herein und rief mir zu: »Der Bischof von Arras läßt Euch zur Tafel bitten. Folgt mir / so schnell Ihr könnt / ich soll Euch hinführen. Aber rasch. Die Herren sind schon bei Tisch.«

Dies neue Ereignis gab mir einen gewaltigen Ruck / daß ich ganz kopflos wurde / an nichts weiter mehr dachte und mich in großer Hast mit dem Knaben des Bischofs hinweg begab.

Wir hatten nur ein paar Schritte zu laufen und langten auch schon vor dem Hause an / wo der von Arras wohnte. Der Page die Treppe hinauf / immer voran / öffnete. Eine lang hingestreckte festliche Tafel schimmerte mir entgegen. Lärm / Gelächter / Rufen füllten den hochgewölbten Saal. Denn es waren gut ihrer vierzig Herren da beisammen. Diener / Mundschänken / Edelknaben huschten hin und her oder standen aufwartend hinter den Stühlen. Der Bischof hieß mich willkommen / hochmütig und kalten Tones wie ich ihn nun schon kannte. Er winkte einem Kavalier / der uns vom Tische her ansah und nun herbeikam: »Das ist mein Bruder Thomas / derselbe / der Euere Base Margarete zur Frau hat.« Herr Thomas Perrenot gab mir artig die Hand und sagte: »Es trifft sich gut / daß ich eben heute in Augsburg bin.« Es war ein vornehmer Herr von etwa dreißig Jahren / der den schwarzen Bart nach der spanischen Mode trug. Er war hochgewachsen / aber ebenso mager und bleich wie der Bischof. Damals diente er dem Erzherzog Max / demselben / der heutzutage als Kaiser über uns regiert. »Wie geht es meiner Base?« fragte ich / und es verdroß mich dabei / daß mir schon wieder vor diesen Enkeln eines Schlossers aus lauter Befangenheit der Atem stockte. »Ich hoffe gut« / sagte Thomas gleichgültig und schaute nach dem Sessel / den er eben verlassen. »Grüßt sie von mir und findet sie in Gesundheit wieder« / sprach ich und zwang mich dabei zu einem weltläufigen / gelassenen Ton. Er nickte kurz und trat von mir weg.

Zum erstenmal in meinem Leben saß ich nun in so erhabener Versammlung / speiste mit großen Herren und hatte eine Weile nichts zu tun / als darauf zu achten / wie sie sich untereinander auf spanisch / lateinisch / deutsch und französisch unterhielten.

»Ihr seid wohl eben erst nach Augsburg gekommen« / sprach mich mein Nachbar zur Linken an. »Ich sah Euch heute zum erstenmal / als der Kaiser tafelte.«

Das war ein blutjunger Mensch; kaum zwanzig / hatte ein fröhliches / vom Wetter ganz verbranntes Gesicht und lachte / wenn er redete / mit den braunen Augen.

»Wißt Ihr schon Euer Regiment?«

Und als ich bekannte / daß ich noch gar nichts wisse / riet er mir: »Macht / daß Ihr zu den Schwadronen des Markgrafen von Kulmbach kommt. Es ist eine Truppe / die der Kaiser liebt.«

»Steht Ihr bei dem Markgrafen?« fragte ich ihn.

Er lachte mit den Augen: »Ich bin ja sein Leutnant. Johann Schnabel von Schönstein / dem Herrn Junker aufzuwarten.«

Ich hielt mich an den Schnabel / weil er hier doch der einzige war / der mir Rede stand. Und er berichtete mir / daß er zwölf schöne Beutepferde besitze / Juwelen und Dukaten genug / daß der Markgraf von Kulmbach ein wilder / rauflustiger Herr sei / unter dessen Fahnen ein tapferer Offizier leichter als irgendwo zu Kriegsruhm und Gold gelangen könne. Mir flößte der Schnabel immer mehr Respekt ein / weil er / soviel jünger als ich / schon Leutnant und im Krieg gewesen war. Am meisten aber / weil er so dreist und mit so lachenden Augen von all den erlauchten Herren / die hier umhersaßen / zu reden wußte.

»Seht Ihr die zwei käsegelben Gesichter dort / die beiden Pfaffen / die neben dem Bischof sitzen / das sind die spanischen Beichtväter des Kaisers. Und dort der spitzschnauzige Kerl / dem das schwarze Haar bis zu den Augen herunterwächst. Das ist der Contarini / der Gesandte von Venedig. Er ist schlau wie ein Fuchs / bissig wie ein Wolf und frech wie ein Dachs. Aber ich mag ihn gerne leiden / denn ich weiß mir keinen andern / der dem Kaiser so ein Maul anzuhängen wagt wie er... Schaut Euch den Mann dort gut an... den alten / mit der Hexennase und dem traurigen Blick. Er hat eine Gewohnheit / sich unterm Tisch in den Hosenlatz zu greifen und zu kratzen / ist aber ein vielerfahrener und berühmter Feldhauptmann: der Wolf Fürstenberg; war lange in Castilien / noch unterm Vater des Kaisers... Der andere auch / der weißhaarige Spanier neben ihm / Gonzalez heißt er... Weiß Gott / wie alt der schon ist / nimmt aber noch jeden Abend einen Buben zu sich ins Bett und es wird einmal von den Pagen einer zu ihm in den Sarg steigen müssen / damit er sich nur überhaupt begraben läßt. Dort drüben sitzen alle die spanischen Kerls beisammen. Seht Ihr... alle ausgedörrt wie geröstete Pflaumen... Das schnappt uns hier die besten Gnaden weg / hat den Vließorden im Handumdrehen / und dabei kann man sterben mit ihnen vor Langeweile / so steif sind sie... Und jener Kleine dort / der aussieht / als wolle er jeden Augenblick vom Sessel rutschen...«

Ich hätte ihm gerne nur immer weiter gelauscht und hatte ein wunderliches Gefühl dabei aus Schrecken / Neugier und aufwachendem Verstehen gemischt. Aber der Bischof hob eben die Tafel auf. Es entstand ein allgemeines Stühlerücken / ein heftiger Lärm / da jeder seine Stimme nur noch lauter erhob / und während sie so miteinander schwatzten / durcheinander liefen / lachten und sich begrüßten, wurden die Tische von einem Dienerschwarm hurtig beiseite geschoben / an die Wand gerückt und die Stühle im Kreise aufgestellt. Man setzte sich wieder / ein jeder wo er gerade mochte / man plauderte in den Fensternischen und jetzt fingen sie wieder an / schweren Wein in hohen Krügen herumzureichen.

Ein stämmiger Mann mit einem feisten Gesicht und lockigem Vollbart überschrie alle anderen / so daß ich näher ging / um zu hören / was es gäbe. Er stand von anderen Generalen umringt und zeterte mit hitzigen Gebärden darauf los:

»Nein! Es paßt nicht für ihn / und es ist nicht gut für uns / diese verfluchte Kopfhängerei...«

Er trank in tiefen Zügen und ich fragte einen jungen Offizier / wer dieser Mann wohl sei.

»Den kennt Ihr nicht? Das ist der Markgraf von Kulmbach.«

Indem hatte ich überhört / was ein anderer dem Markgrafen entgegnet hatte. Der aber riß jetzt heftig den Becher von den Lippen und schaute zornig zur Seite:

»Von Geburt an? Hol' Euch der Teufel! Und warum war er dann bei Pavia so lustig / wenn er von Geburt an die Mieselsucht hat? Er muß nur wieder in den Krieg / versteht Ihr...?«

Der venezianische Gesandte saß gelassen da und mit pfiffigem Lächeln: »Ich hab' ihn in Neapel gesehen / Euern Kaiser« / sagte er / »da ist er auch recht von Herzen fröhlich gewesen / hat mit den Frauen karessiert und sich mit einem silbernen Zänglein die grauen Haare einzeln ausreißen lassen / damit er als ein junger Stutzer gefalle.«

»Nun also!« brüllte der Markgraf. »Krieg muß er haben und schöne Weiber! Gebt ihm beides / dann habt Ihr einen fröhlichen Herrn.«

»Ach was / ich kenn' ihn besser« / fuhr der Herr Philippe de Beaume auf. »Er hat's von seinem Lehrmeister / vom Croy. Der hat ihm als Kind schon das Regieren eingebläut / davon ist er in die Melancholie verfallen.«

»Hofschwatz!« schrie der Markgraf. »Hof- und Kammerschwatz!«

»Sei doch still / Kulmbach« / rief jetzt der alte Fürstenberg mit einer hellen / freundlichen Stimme. »Hat der Kaiser denn nicht Kriegsgloria genug / und kann er nicht grad' soviel Weiber haben wie der Großtürke? Sei nur still / lieber Kulmbach / da ist nichts zu machen. Er hat's von seiner Mutter...«

Der greise Gonzalez hob das kahle / verknitterte / vom Alter braungelbe Antlitz: »Die Königin Johanna...« sagte er mit dünnem / schleifenden Ton / »die Königin Johanna... da bin ich ja damals mit in Arragonien gewesen /... bei der Abgesandtschaft war ich / die für Castilien werben kam.«

»Was denn weiter?« fuhr ihn der Markgraf Kulmbach an.

Gonzalez horchte zu ihm hinüber / als könne er ihn nicht sehen: »Damals war ein großes Fest in Arragonien... da haben sie uns die schöne Prinzessin gebracht / und mitten im Saal ihr den Halsschmuck abgenommen... ja... da konnten wir ihre frischen / runden Brüste sehen... und unserem Herrn Philipp vermelden / daß sie wohlgestaltet sei...«

»Ihr hättet ihr lieber in das Herz schauen sollen / statt auf die Brüste...« meinte der Fürstenberg.

Plötzlich stand der Leutnant Schnabel mitten unter den Generalen: »Ihr habt sie vielleicht gekannt / Herr Graf?« fragte er und lächelte mit den Augen.

»Freilich...« gab ihm der Fürstenberg zurück. »Ich war ja dazumalen lange in Castilien und bin dabei gewesen / als König Philipp starb.«

»Ist es wahr / daß sie selbst ihn vergeben hat?« donnerte der Markgraf dazwischen.

»Wie meint Ihr?« fragte Fürstenberg ruhig.

»Nun / vergiftet soll sie ihn haben...« / schrie der Markgraf.

»Ihr seid sehr töricht / dergleichen laut gegen die Wände zu schmettern« / sagte Contarini spöttisch.

Schnabel ersah mich jetzt und blinzte mich fröhlich an: »Merkt auf! Merkt auf!« rief er zu mir herüber / »hier vernehmt Ihr die Welthistorie aus der Quelle.«

Mir wurde Angst / die Generale könnten es übel ansehen / daß ich so nahe dabei war und lauschte. Achtete aber niemand meiner geringen Person / sondern steckten alle nur die Köpfe zusammen / um den Fürstenberg erzählen zu hören.

»Sie hat's mit dem König arg getrieben« / sagte er halblaut / »und es ist kein Wunder / wenn ihr jetzt nachgeredet wird / sie habe ihn vergiftet. Laßt nur / Herr Contarini« / wandte er sich zu dem Venezianer / »in Castilien sprach damals jeder Mensch davon. Ich selbst habe es auch geglaubt und an den Kaiser Maximilian geschrieben. Denn die Arragonische ist von je eifersüchtig gewesen / und wenn die Wut sie erfaßte / hat sich der muntere Herr Philipp nicht zu helfen gewußt. Damals war ein junges Weibsbild am Hof / ein burgundisches Fräulein / schön... wir schauten alle nach ihr. Eines Tages fängt die Königin an / ihr Gemahl halte es mit der Burgunderin. Sie ist darüber ganz von Sinnen gekommen / hat sich den Kopf gegen die Wand gerennt / die Brüste geschlagen.«

»Die Brüste hab' ich gesehen...« pfiff Gonzalez dazwischen.

»Still... Ruhe...« riefen die anderen. »Weiter.«

»Und am nächsten Morgen« / fuhr der Fürstenberg fort / »am nächsten Morgen war der schöne / heitere Herr Philipp tot / war das burgundische Fräulein unter der Erde.«

»Weiter! Weiter!« Alle rückten näher heran.

»Ich weiß noch / daß ich die Königin jammern hörte / ehe ich noch den Palast betrat. Es war / wie wenn ein gestochenes Tier brüllte / ein Heulen und Winseln und rasendes Kreischen. Die Leute liefen zusammen / standen in den Höfen / auf den Treppen / in den Gängen... sie rührten sich nicht und waren alle versteinert von diesem Schreien.«

»Daß sie aber dann noch den Toten mit sich herumschleppte...« sagte Herr Philippe de Beaume mißbilligend in seiner kleinen / höflichen Weise.

Der Fürstenberg nickte ihm zu. »Die Königin war von Sinnen / denn sie grub sich in den festen Glauben ein / ihr Vater halte sie wie einst gefangen / um sie vom König Philipp zu trennen. Dann wieder kehrte sich all ihr Toben gegen Philipp: >Er lebt / er lebt< / schrie sie / >und buhlt mit einer anderen... deshalb werde ich hier eingesperrt!< So heftig kam die Raserei über sie / daß man für ihr Leben fürchtete. Da verfiel jemand / um sie zu retten / auf den Gedanken / man solle vor ihren Augen die Gruft öffnen / damit sie selber nachschauen könne / in wessen Armen ihr schöner Philipp ruhe. Also wurde sie nach Burgos geführt und alle glaubten / jetzt werde sie geheilt sein / jetzt werde sie endlich auf eine christliche Weise trauern. Sie aber fiel nur aus dem einen Wahn in den anderen. Kaum hatte sie den König durch die Glaswand des Sarges erblickt / als sie zu schreien anfing: >Herauf! Herauf! Du nicht allein dort unten / und ich hier oben nicht allein!< Und sie ruhte nicht / bis der Sarg gehoben und in ihr Zimmer getragen wurde. Dann lebte sie stiller / war getröstet / und man konnte zu ihr sprechen.«

»Habt Ihr das auch mit angesehen?« wollte der Schnabel wissen.

»Ja... Ich kam etliche Wochen später zur Königin / und fand sie in ihrer Stube mit dem Leichnam. Ich hab' damals geglaubt / mein Verstand gehe zum Teufel / wie ich sie so mit dem Toten Zwiesprache halten hörte. >Ach / der Fürstenberg ist da< / rief sie / als ich eintrat. >Er kommt vom Kaiser.< Dann vergaß sie mich wieder / und redete von anderen Dingen zu dem Toten. Der König lag da / in seinen Staatskleidern / wie lebendig. Seine Wangen waren frisch / seine Lippen rot / denn sie hatte ihn schminken lassen / und mich schauderte ... wirklich / mir wurde heiß und kalt / wie sie verliebt zu ihm redete / von den Heimlichkeiten ihres Bettes zu ihm flüsterte / ihm Vorwürfe machte / ihn bat und flehte / und wie er nicht hören wollte...«

»Nicht hören wollte« / lachte der Markgraf / »wenn er doch mausetot war...«

»Ihr habt gut lachen / mein lieber Kulmbach« / sprach der Fürstenberg darauf. »Hättet Ihr nur den König gesehen / wie er auf seinen Kissen lag / als ob er atmen würde. Seine Augenlider standen noch ein wenig auf / und es schien / als spähe er von der Seite her / lauernd nach der Königin / und auf seinen Lippen schwebte ein lebendiges / ein spöttisches Lächeln... da war es / als wollte er sich jetzt an ihr rächen / als sei er hart und grausam und unerbittlich gegen all das Schluchzen und Weinen ... da war es / als müsse es ihm ganz leicht sein / das Haupt zu wenden und ihren sehnsüchtigen Klagen ein gutes Wort zu geben. Aber als wolle er einfach nicht / und als zeige er ihr / daß er sie in Zeit und Ewigkeit verschmähe... Ja / mein lieber Kulmbach / ich hab' doch all' meine Vernunft zusammennehmen müssen / um mir vorzustellen / daß dieser Mann dort vor zwei Monaten gestorben / daß er weit / weit von uns entfernt ist / daß er nicht hört und nicht sieht und nicht fühlt und nicht denkt / und daß ich eigentlich mit der Königin ganz allein im Zimmer sei...«

»Einmal bin auch ich ihr so begegnet« / fing Gonzalez mit seiner dünnen / verknitterten Stimme an. Er saß tief in seinem Stuhl versunken / blickte ins Leere und redete nur vor sich hin: »Das war lange nach Philipps Tod... Jahre ... Mitten in der Nacht bin ich ihr begegnet / als ich mit meinen Truppen durch die galizischen Wälder von Orense her nach Astorga ritt... oder war es Braganza / wohin wir damals mußten? ... Ganz finster war es / und da kam sie auf einmal angejagt... die Fackeln leuchteten ... man konnte das Zaumzeug ihrer Maultiere sehen... am hellsten aber sprühten die Fackeln um den gläsernen Sarg... das war / als komme der König in Qualm und Feuer dahergezogen ... Meine Soldaten mußten sich am Wegrand aufstellen / daß der rasche Zug vorbei könne... alle bekreuzten sich und beteten laut... Ich aber ritt herzu und grüßte die Königin... da ließ sie die Bahre niedersetzen / ließ die Fackelträger herbeikommen / neigte sich zu dem Toten und erzählte ihm / daß ich da sei... Ich habe ihn angeschaut... er sah aus wie eine alte Puppe... ein wenig schadhaft war er schon... zwei Zähne lagen ausgefallen auf seiner Brust... die Halskrause war schmutzig und die Farbe auf seinen Wangen hatte Trockensprünge... >Er schläft< / sagte die Königin zu mir... >er schläft noch immer und das ist gut / denn er wird alle vergessen... im Schlafe ... alle anderen wird er vergessen haben / wenn er dann aufwacht... Wir müssen weiter...< meinte sie zum Abschied... >er will nach Miranda. Ich weiß / daß er nach Miranda will. Dort war auch einmal eine... und jetzt muß er dort schlafen / um auch die in Miranda zu vergessen...< Hernach ließ sie den Sarg heben. Sie lächelte gnädig / als sie mich entließ / und wir schauten ihr noch lange nach wie ihre Fackeln den finsteren Wald hinter uns ganz erleuchteten...«

»So ein Satan von einem Weibe...«

»Nein« / widersprach der Fürstenberg. »Es war nur eine Traurigkeit in ihrem Gemüt von jeher... Gott hatte die Pforten ihrer Seele verschlossen / daß sie verdunkelt blieb wie eine Kammer ohne Fenster / nur schwarze Gedanken krochen darin umher und ein Argwohn mit blinden Augen...«

»Trotzdem« / meinte einer / »die Arragonische wird schon im Recht gewesen sein / als sie das Weibsstück aus Burgund beiseite schaffen ließ...«

Da sagte der Fürstenberg laut: »Nein! Ihr irrt Euch! Das burgundische Fräulein starb ohne Schuld. Die war mit einem deutschen Offizier verlobt. Ich hab' ihn gut gekannt. Er hat sich umgebracht / am selben Tage noch. Und das Schlimmste daran / daß er gemeint hat / sie sei ihm wirklich mit dem König untreu gewesen. Die Wut der Königin hatte ihn angesteckt. Daß man seine Braut getötet hatte / galt ihm schon als Beweis und als Strafe ihrer Schuld.«

Der Venezianer sah scharf auf den Fürstenberg: »So denkt Ihr / all die Greuel seien um nichts geschehen... und der König war gleichfalls schuldlos?«

Auch der Fürstenberg maß den Italiener: »Das denke ich so wenig wie Ihr. Denn ich weiß es anders. Aber die arragonische Johanna hat es nie erfahren / wen König Philipp geliebt hat. Bei all ihrer Eifersucht / bei all ihrer Wachsamkeit... niemals...«

»Wißt Ihr es?« riefen einige zugleich.

»Ich weiß es...« sprach er leise. »Sie konnte keine Ruhe finden / als die Königin ihren Gatten aus der Gruft holte. Und wie dann Johanna mit dem Sarg in der Welt umherirrte / ist sie immer hinterdrein gefahren / kreuz und quer / ohne Rast. Jahrelang. Dann aber traf sie es besser und war als Reitbursche verkleidet heimlich im Gefolge der Johanna.«

»Warum denn? Was wollte sie...?« fragten etliche. Und andere wieder drangen in Fürstenberg: »Wer war sie? Wie hat sie geheißen? Sagt uns doch / wer sie war!«

»Das werde ich niemals verraten...« sprach der Fürstenberg und tauschte wieder einen Blick mit dem Contarini. »Aber was sie wollte / das war / den toten Geliebten nicht bei der anderen allein lassen... ihn sehen / solange die andere ihn auch noch sah. Und dann: wenn die andere den Leichnam mit verbuhlten Reden schändete / ihn mit Gebeten wieder reinigen.«

»Ja / konnte sie ihn denn immer sehen...?« fragte Herr Philippe de Beaume.

Und der Venezianer sagte plötzlich: »Immer! Von den vier Maultieren / die den Sarg trugen / ritt sie rückwärts das linke. Da hatte sie des Königs Antlitz stets vor sich...«

Der Fürstenberg aber wandte sich zu dem Markgrafen: »Da seht Ihr / mein lieber Kulmbach / von welch einer Mutter der Kaiser stammt...«

In der andern Ecke des Saales hoben jetzt die Musikanten ihr Spiel an und es stimmten auch von den deutschen Offizieren etliche mit Gesang ein. Die große Türe ward geöffnet und kamen etwa zwanzig junge Mädchen in den Saal. In lang herabschleifende / bunte Tücher gehüllt / schritten sie paarweise bis in die Mitte der leeren Runde. Sogleich entstand ein Gelächter / ein Zujauchzen / Schreien und Getöse an den Wänden ringsum. Die Hübschlerinnen grüßten lächelnd nach allen Seiten. Die Musik schwieg still. Da warfen sie sämtlich zugleich die Arme in die Höhe / daß die Tücher von ihnen abglitten / und nun standen sie nackend / so wie Gott sie geschaffen / vor der aufbrüllenden Versammlung.

In mir dröhnten noch all die neuen Worte / die düsteren Geschichten und dreisten Reden / die ich eben vernommen hatte. Jetzt blendete der jähe Anblick all der nackenden Mädchen meine Augen / und das Blut fing mir an in den Schläfen zu pochen. Es war nicht anders / als ob ein schwerer Nebel vor mir herabsinke / aber ich sah durch die Verschleierung meiner Sinne hindurch die weißen Leiber glänzen / die runden Hüften / die vollen Brüste mit den roten Beeren darauf / ich sah das Lächeln dieser Dirnen / ihre heißen Augen / und noch viel mehr / und ich begann mit den anderen zu lärmen / als nun die Mädchen beim Schall der Pauken und beim Tönen der Zimbeln ihren Tanz aufführten.

»Merkt auf / jetzt nehmen die spanischen Pfaffen Reißaus!« hörte ich den Schnabel flüstern.

Mitten durch den Reigen der entblößten Mädchen schritten die beiden hochgewachsenen / blassen Mönche und das leuchtende Fleisch der Dirnen blinkte hell gegen die schwarze Seide der priesterlichen Gewänder. Sie gingen mit gesenktem Haupte / wie um nichts zu sehen / und die Tanzenden wichen vor ihnen zu beiden Seiten. Nur ein ganz junges Ding / dem die blonden Haare wie ein goldener Mantel den schmalen Rücken bedeckten / sprang aus der Reihe. Andacht und Schuldbewußtsein in ihrem Kindergesicht / lief sie den beiden Spaniern nach / bückte sich / als sie den einen erreichte / haschte nach seiner Hand und küßte sie schnell. Der Priester schien es nicht zu merken. Das Mädchen aber stand noch eine Weile wie entrückt. Dann riß sie sich zusammen und tanzte mit den übrigen im Kreise.

Die Musik wurde lauter / das Getöse und Jubilieren stieg / und ich trank von dem Weine / der immerzu dargereicht wurde / denn meine Kehle war beständig trocken.

»Gib dir keine Mühe / Markgraf...« hörte ich neben mir eine heisere / knurrende Stimme. Da stand ein feister / alter Offizier / den ich schon früher gesehen / dicht neben mir. Mit weißen Locken / mit einem blauroten Gesicht / von dessen Stirne die Berauschtheit loderte. Er sah mit verkniffenen Augen zu den Hübschlerinnen hinüber und schnaufte dabei: »gib dir keine Mühe / Kulmbach« / keuchte er den Markgrafen an / »du hast ja gehört / es wird nicht anders... er hat's von seiner Mutter...«

»Ach was...« antwortete der in seinem wilden Ton. »Von seinem Vater wird er schon auch was haben / und der war lustig genug...«

Der feiste Offizier knurrte wieder: »Bild' dir nichts ein... ich hab' die langen Reden von Fürstenberg auch vernommen. Schwatzt jeder was anderes und keiner das Rechte. Ich sag' dir / der ganze Mensch ist von der ersten Stund an verpfuscht... glaub's mir... wenn er auch der Kaiser ist... Sie hat ihn auf einem Abtritt geboren... weißt du das nicht? Daran liegt alles / sag' ich dir. Seine Frau Mutter hat ihn von sich gegeben / während sie meinte / ihr Wasser zu lassen... Das war eine Komödie / damals in Gent / als sie den Ball abhielten / und die Königin / wie's am schönsten war / beiseite ging. Die Hofleut' hätten es gern vertuscht... aber das Knäblein zeterte / als sie's aus dieser feinen / ersten Wiegen herauszogen. Das hörten die Wachen / und brachten's aus ... Laß gut sein... er ist auf einem Abtritt geboren / und seither scheint ihm die ganze Welt zu stinken. Er bringt den Geruch nicht aus der Nasen.«

Der Alte lachte wieder. Ich aber faßte den Schnabel heftig an: »Wer ist der Kerl / der solche Scherze wagt...?«

»Der?« sagte Schnabel mit seinen fröhlichen Augen. »Er hat ein grobes Maul / sonst aber ein treuherziger Mann ... es ist der Rosenzwick / der die Kanonen über hat...«

»Rosenzwick...« Der Name fiel in meine verwirrten Sinne. Rosenzwick ... ich griff ihn auf / und stöberte in meinem Gedächtnis nach irgend einem Gedanken mit diesem Namen / wie man mit einem Lichte im Finstern nach verlorenen Dingen sucht. Rosenzwick... aber das Wort flackerte nur so über mein Denken hin und verlosch gleich wieder.

»Er redet übrigens nur / was jeder weiß« / sagte der Schnabel / und seine Augen jubelten wieder. »Die Kammerfrau / die dazumal der Königin Johanna Hilfe brachte / hat sich noch kürzlich in Flandern hochberühmt / sie habe den Kaiser Karl aus dem Dreck gezogen...«

Eh ich mich deswegen noch besinnen konnte / fuhr ein schreiendes Lachen auf / daß ich dem offenen Kreis mich wieder zuwandte.

Da sprang ein schlankes Weib an mir vorbei / drehte sich wie toll / und warf die Arme / indessen ihr von den Brüsten und vom Nacken hellroter Wein in breiten Bächen herabstürzte.

Ich tat einen Schritt vor / und sah den Bischof von Arras unfern von mir in seinem Lehnstuhl sitzen / wie er in hocherhobener Hand ein Kelchglas schwang und wie gerade ein anderes Mädchen an seinem Sitze vorübertanzte. In diesem Augenblicke schleuderte der Bischof ihr den roten Wein mitten ins Gesicht. Ich betrachtete meinen Vetter / den Bischof. Er war viel bleicher noch als sonst / hielt die schmalen Lippen hart zusammengepreßt und starrte mit brennenden Augen auf die blinkenden Frauenleiber / die sich vor ihm drehten. Sein Knabe füllte ihm aus einer hohen Kanne beständig frischen Wein in den Pokal / und im Bogen schleuderte der Bischof dann die berauschende Flut auf jede Dirne / die tanzend in seine Nähe kam.

Alle die im Kreise umherstanden / stießen jenes schreiende Lachen aus / so oft der Weindunkel an Schultern / Armen / Stirn oder Nacken der Mädchen klatschend aufspritzte. Der Wein funkelte in roten / dampfenden Lachen auf dem Estrich / benetzte die nackten Füße der Tanzenden / daß es aussah / als ob sie im Blute wateten / er rann von weiß glänzenden Rücken / floß ihnen die blinkenden Hüften herab / alle Mädchen waren davon mit unzähligen funkelnden Perlen besprengt. Der Wein rann ihnen über die Augen / zog schimmernde Streifen über ihre Wangen / lief ihnen über den Hals und betäubte sie mit seinem schweren Duft.

Ein starkes Weib mit zornigen Augen trat vor den Bischof. Er schwang den Arm und der Burgunder traf sie dicht unter der Kehle. Sie hob mit beiden Händen ihre vollen Brüste / neigte den Kopf und schlürfte mit den Lippen den süßen Trank / der ihre Haut benetzte / indessen alle ihr zuriefen und lachten. Dreimal schleuderte der Bischof die Fülle des Pokals gegen sie. Dann aber fing sie an / sich feierlich zu drehen und die von ihr absprühenden Tropfen bespritzten die andern Mädchen wie ein feiner Regen.

Es kam auch das blonde / junge Ding / das dem kaiserlichen Beichtvater so inbrünstig die Hand geküßt hatte. Wie ein Kind war sie noch / mager an allen Gliedern. Als des Bischofs Wein sie traf / fuhr sie schaudernd zusammen / und ich merkte / da ich ihr mit den Augen folgte / wie es sie oft noch überlief.

»Gefällt Euch die Kleine dort?« stieß mich der Schnabel an / »ich schick' sie in Euere Stuben / wenn Ihr sie haben wollt...«

»Ja / sie gefällt mir...« sagte ich.

Uns gegenüber hatte einer von den deutschen Reitern das starke Weib an die Wand gedrückt / hielt sie an den Brüsten fest / indessen seine Kameraden allerlei Kurzweil mit ihr trieben. Der Bischof von Arras schüttete mit ernsthaft zusammengepreßten Lippen einen Becher nach dem andern über zwei üppige Dirnen / die sich vor ihm mit unzüchtigen Gebärden umschlungen hielten.

Aus der schallenden Musik hervor / über die Musik hinweg / kam eine heftige Stimme: »Ist der Herr Wenzel auf Rehberg im Saale...?« Und noch einmal / den Lärm der Instrumente niederpressend: »Ist der Herr Wenzel auf Rehberg da? In des Kaisers Namen!«

Als hätte der Burgunderwein des Bischofs mich selbst auf bloßem Leib getroffen / zuckte ich zusammen / da mir mein Name aus diesem wüsten Treiben plötzlich entgegenflog. Mir war nicht anders / als sei ich auf einer Missetat ertappt worden / und ich zitterte / weil ich gewahrte / daß des Bischofs Augen suchend umhergingen.

Der Schnabel stieß mich in die Seite: »Ihr seid ja doch der Rehberg...«

Da sah ich nun ein / daß ich mich nirgends mehr verbergen könne / sprang mit einem langen Schritt vor / stand beschämt und niedergeschlagenen Blickes da und es drehte sich alles um mich herum.

»Seid Ihr der Herr Wenzel auf Rehberg...?« rief die heftige Stimme wieder.

Ich nickte nur und schwieg.

»Dann folgt mir auf der Stelle. Denn der Kaiser begehrt Euch zu sehen.«

Jetzt war es auf einmal ganz ruhig in mir. Auch im Saale war es völlig still geworden und die Musik hatte ausgesetzt. Ich erhob das Antlitz und sah wie alle nach mir schauten / ernst / neugierig und mit Achtung. Nur der Bischof / den ich grüßte / schien mich gar nicht zu bemerken. Ich ahmte die spanische Würde nach / als ich nun quer durch den Kreis der nackten Weiber schritt. Sie wichen vor meinem Weg zur Seite / wie vorhin vor den Priestern. Ich sah noch die blonde Kleine neben mir / wie sie von unten her mit geducktem Halse ehrfürchtig zu mir aufblickte. Ich sah einen Tropfen roten Weines leuchtend wie ein Rubin auf ihrer Brustspitze schweben. Dann stand ich an der Türe vor dem alten Kämmerling / der meiner wartete / und war draußen.

In des Kaisers Herberge ward ich über halb dunkle Treppen / durch dämmernde Galerien / an den schweigsam hinwandelnden Garden vorbei in dasselbe Zimmer geführt / das ich heute Morgen betreten hatte.

Der Herr von Granvella war da und besprach sich leise mit einem der kaiserlichen Leibärzte. Als er mich gewahrte / sagte er: »Wartet.«

Ich stand im Zwielicht des weiten Raumes / hörte nur das Flüstern der beiden / und die tiefe Stille des kaiserlichen Hauses / in der alle Verwirrung des Weines und der Weiber von mir abglitt.

Indessen huschte der Arzt aus dem Zimmer und Granvella redete mich an: »Der Kaiser findet keinen Schlaf... es ist Gelegenheit / Euch vorzustellen... habt Ihr Euch eine besondere Truppe gewählt / dann sagt es mir jetzt...«

Ich überwand die Scheu / die mich bei seiner kalten Stimme befiel / und brachte unter Räuspern und Schlucken heraus: »Wenn ich beim Regiment des Markgrafen Kulmbach eintreten könnte...«

Granvella stand ohne zu antworten auf / schritt zu einer niederen / verborgenen Türe und winkte mir. Während wir durch ein paar hohe / spärlich erhellte Gemächer gingen / redeten wir keiner ein Wort. Vor einer hohen Pforte blieb er stehen und sprach mich kurz an: »Beugt ein Knie vor dem Kaiser / und tretet nicht allzu nah an ihn heran. Redet nicht / es sei denn / er fragt Euch. Und vor allem / schaut ihm nicht zu dreist in das Antlitz.«

Da ging eben die Türe sachte auf / der andere Leibarzt kam heraus und ließ uns den Weg frei.

Mich schüttelte ein Fieber der Ehrfurcht / als ich in der Tiefe des großen Saales beim schwachen ruhelosen Schein einer Kerze des Kaisers ansichtig wurde.

Bleich und verfallen tauchte sein Angesicht vom dämmernden Zwielicht umwoben aus der Finsternis des Gemaches. Er stand hinter einem kleinen Tisch / hatte beide Hände auf die weiße Marmorplatte gestemmt und wie seine dünnen Arme aus dem dunklen Samt der Schaube hervorkamen / waren sie so weiß wie der Stein / worauf sie sich stützten.

Kniend vergaß ich Granvellas Befehl und schaute ergriffen zum Kaiser empor. Ihm hob und senkte sich das Kinn / wie er mit der klaffenden / vorgeschobenen Unterlippe nach Atem schnappte. Wirr stand sein kurzer Bart aus den Wangenhöhlen und seine Augen blickten erschöpft ins Leere.

Ich vernahm wie Granvella sprach / aber er hatte jetzt eine gedämpfte / liebreiche und demütige Stimme: »Dieses ist der Junker Wenzel auf Rehberg / der sich der kaiserlichen Gnade empfiehlt. Er stammt aus einem alten böhmischen Hause / ist mir verwandt und bittet / unter Eurer Majestät Fahnen eingestellt zu werden.«

Der Kaiser sah mich an / mit einer unermeßlichen Gleichgültigkeit und wie aus der Ferne. Dann glitten wieder seine Blicke über mich hinweg ins Leere. Granvella redete weiter: »Geruhen Eure Majestät Erlaubnis zu geben / daß der Junker bei dem Markgrafen von Kulmbach sich melde...«

Weil keine Antwort kam / blickte ich wieder auf und merkte / daß der Kaiser zitterte. Ein Beben ging durch seinen schmalen Leib. Er riß die Hände vom Tisch und starrte mit Entsetzen darauf nieder / als drohe ihm von da her eine Gefahr. Ich sprang schnell auf / da verfärbte sich der Kaiser noch mehr und war wie von einem kalten Grausen an allen Gliedern geschüttelt. Ich spähte rasch / was seine Augen gebannt halte / und gewahrte eine kleine graue Spinne / die / vom Scheine des Lichtes angelockt /

◆72◆

mit hochgehobenen Beinen langsam ihren Weg über den Marmor nahm.

Herzuspringend / schlug ich das Tier mit der flachen Hand und wischte es hinweg.

»So« / entfuhr es mir leise und ich lächelte dem Kaiser zu.

Seine Brust keuchte und er sah mich verstört an. Gleich darauf winkte er heftig mit der Hand gegen mich / drohend / seine Mienen krochen zusammen / wurden spitz und böse und Granvella herrschte mir zu: »Entfernt Euch / Junker! Entfernt Euch!«

Gescheucht verließ ich das Gemach / ereilte die Treppe und wollte heim / als mich der Kämmerling anrief und mir von Granvella meldete / es sei alles in Richtigkeit /ich solle mich morgen früh nur zum Markgrafen begeben.

Wie ich aus dem Palaste trat / stand der Vollmond am Himmel und beschien den weiten Platz mit den schlafenden Häusern. Nur wenig Schritte hatte ich getan / da flog das eiserne Klirren rasenden Hufschlags durch die Stille. In dem tiefen Schatten einer engen Gasse kam es heran. Ich sah nichts als die Funken aus den Steinen spritzen / näher und näher / als liefe das Pferd dort auf einer schmalen Feuerspur durch die Finsternis. Und ehe ich mich noch besinnen konnte / brach es auch schon aus der Dunkelheit der Seitengasse in das freie Mondlicht: ein Rappe / vom Dampf seines Schweißes wie von einem Geisternebel umwallt / ein schwarzgepanzerter Mann darauf / dem der schwarze Mantel um die Schultern flatterte / und nur die goldene Mantelspange blitzte hell / als trage er seine glühend gewordene Seele mitten auf der Brust. Den Platz querüber sauste er dahin / und es war / da er vor dem Haus des Kaisers anhielt / nur ein einziger Augenblick: das letzte Aufsprühen der Funken unter dem dröhnenden Eisen / das Niederschmettern des Pferdes / das wie von einem Streich gefällt hinschlug / als wollte es die Flammen / die seine Hufe aus dem Boden gestampft hatten / mit dem eigenen Leib ersticken / und der jähe Sprung des Reiters auf die oberste Stufe des Tores. Aufgerichtet stand er als ein dünner schwarzer Streif vor der weißbeschienenen Mauer / dann glitt er wie ein Schatten in den Flur. Mir zuckte es / wie ich so völlig erstarrt da stand / durch die Glieder: Da ist der Satan um Mitternacht zu dem Kaiser gekommen... Dann zwang es mich gleich zu dem gestürzten Tier / aber wie ich mich darüber beugte / war es in Blut und Schaum verendet / und von dem Mondlicht / das in seinen gebrochenen Augen schimmerte / kam ein solches Grauen in mein Gemüt / daß ich erschreckt entfloh. Auf dem raschen Weg zur Herberge ward ich gepeinigt von einem Elend / das ich nicht kannte / dessen Nähe aber ich beklommen fühlte und ein Ahnen öffnete sich in mir wie eine frische Wunde / die schmerzhaft ist und blutet.

In meiner Stube aber war das kleine blonde Mädchen / das der Schnabel mir gesendet hatte. Die sparte mir das Alleinsein. Ich schloß sie erlöst in meine Arme / wie sie / als ich kam / nackend im Bette sich aufrichtete. Und ich ergötzte mich an ihr bis zum Morgen.

Der Schnabel weckte mich frühe.

»Heraus mit Euch!« schrie er und seine Augen lachten über mir. »Die ganze Armada ist auf den Beinen / wir marschieren!«

Schnell war ich vom Lager auf und nach und nach fiel mir erst wieder ein / daß ich in Augsburg sei / und was mir seit gestern alles begegnet war.

»Der Markgraf hat schon Botschaft von Granvella« / erzählte mir der Schnabel / unterdessen ich mich rüstete. »Er soll Euch aufnehmen. Na / Euch kann's nicht fehlen / wenn der Granvella Euer Gönner ist...«

»Er ist mein Anverwandter...« sagte ich stolz.

Mir fiel der schwarze Reiter wieder ein und ich erzählte dem Schnabel von dieser Erscheinung.

»Das ist der Alba gewesen...« sagte er. »Der steht jetzt in Ungarn im Felde. Er hat ein junges Weib daheim in Spanien / und nun reitet er / wenn's der Krieg erlaubt / vierzehn Tage lang / um eine Nacht bei ihr zu schlafen.«

Wir ritten durch enge Gassen und hatten Mühe genug / rasch vorwärts zu kommen. Von überall her liefen Soldaten zusammen / die Hörner wurden geblasen / die Trommeln allenthalben gerührt / und es war ein Rufen und Schreien und Waffendröhnen / welches mich mit Lust erfüllte.

Wie wir aufs freie Feld kamen / sah ich weithin überall Truppen / die sich sammelten und formierten. Die bunten Feldzeichen und Fahnen wimpelten hoch im Morgenwind. Der Himmel aber war tief von dunklen Wolken verhängt und die Luft rauh. Doch das kümmerte mich nur wenig / denn ich war dem kriegerischen Getümmel ganz dahingegeben.

»Dort stehen die Kulmbachschen Reiter!« meinte der Schnabel. Wir sprengten herzu und trafen gleich den Markgrafen / der sein Roß tummelte und nach allen Seiten Befehle erteilte.

»Herr Markgraf / hier ist der Rehberg!« rief der Schnabel.

Ich verhielt mein Pferd und zog den Hut.

»'s ist gut Herr / 's ist gut...« rief mir der Markgraf kollernd zu.

Ich wollte meinen Gruß und Einstand nach Gebühr hersagen und tat den Mund auf.

»'s ist gut / Herr!« brüllte mich der Markgraf an / »haltet das Maul / ich werd' schon selber sehen / was Ihr könnt...« damit warf er sein Pferd herum / und ließ mich verdutzt / wie ich war / zurück.

Die Schwadronen stellten sich in Ordnung. Ich nahm meinen Platz vor der Front neben dem Schnabel. Wir sahen jetzt nichts vor uns als freies Ackerfeld / das sich bis zu den Mauern von Augsburg hinzog / und rechts und links von uns die anderen Truppen zu Fuß und zu Pferd in einigen Treffen aufgestellt. Ich war fröhlich / weil ja nun alles für mich erst seinen rechten Anfang nehmen sollte.

Auf einmal vernahmen wir von weit her Zurufe wie ein Brausen / die Trompeter fingen alle zu blasen an / die Trommeln und Pauken schlugen Wirbel.

»Der Kaiser!« sagte der Schnabel.

Und da kam er herangeritten / in großem Abstand hinter ihm sein Gefolge. Er ritt auf einem schlanken / braunen Tier / das unter ihm wie im Tanzschritt ging und seinen Reiter sanft zu wiegen schien. Indem er näher kam / sah ich die Blässe seines Gesichtes von einem ganz feinen Rosa-Hauch überflogen. Die Unterlippe klaffte freilich wiederum herab / so daß man seinen offenen Mund von weitem schon wahrnahm. Als er an unserer Front vorbeisprengte / ging ein leiser Regen an und ich sah / wie der Kaiser sein Barett abnahm / es unter dem Mantel verbarg und barhaupt weiter ritt. Ich verwunderte mich dessen / aber der Schnabel rief mir voll Munterkeit zu: »Seht / was für ein Filz! Da hat ihm der Fugger vor zwei Tagen das neue Barett aus Lyoner Samt verehrt und jetzt fürchtet er / es verdirbt / steckt's ein / als könne er sich keinen neuen Hut kaufen...«

»Was redet Ihr da für Unsinn?« fuhr ich den Schnabel heimlich an.

»Unsinn?« gab er lachend zurück / »fragt wen Ihr wollt / er ist ein Filz / und macht's immer so...«

Indessen war der Kaiser vorüber und nach einer Weile rückten wir ab. Der Regen hörte bald auf / aber der Boden war aufgeweicht und der Straßenkot spritzte uns bis an die Hüften. Das schwere Fuhrwerk / darauf die neuen Kanonen waren / zog dem Heere ganz voran. Dahinter kam das Fußvolk / zwölf Fahnen stark / das der Baron Madrizzi befehligte / nachher ritten wir von des Kulmbachs Kürassieren / uns folgten dann die übrigen Soldaten / der Kaiser mit Troß und Wagen und die Nachhut.

Ich ward gleich beim Ausmarschieren an des Markgrafen Seite befohlen. Er schien mir jetzt recht gnädig und meinte: »Wenn Ihr gehorsam seid und tapfer / Freund / dann will ich dem Herrn Granvella gern die Liebe tun und Euch befördern...«

Ich dachte nun freilich bei mir / wenn ich gehorsam bin und tapfer / sollte ich wohl ohne Granvellas Fürsprache zu Ehren kommen / unterfing mich aber nicht / dergleichen laut werden zu lassen und sagte nur: »Ich werd' mich schon zusammennehmen.«

»Wenn wir abends rasten« / sprach der Markgraf / »will ich Euch in Eid und Pflicht nehmen... 's ist gut / Herr!«

Ich wußte jetzt schon / was dieses »'s ist gut / Herr« bedeute / wollte mirs nicht noch einmal so schön erklären lassen / wie vordem / zog den Hut / und ritt an meinen Platz / zur Seite des Zuges.

Ein paar gute Stunden ging es nun vorwärts. Ich ließ meinem Pferd die Zügel / es ging im langsamen Trott mit den anderen / ich gab mich meinen Gedanken hin und lauschte auch wohl den Liedern / die unsere Reiter angestimmt hatten.

Die Kürassiere sangen:

»Der Kaiser hat viele Soldaten /
Er gibt ihnen Gut und Geld /
Er macht es wie's ihm gefällt /
Und läßt sie brav lustig marschieren /
Wohl durch die weite Welt.«

Dann wieder sangen die Reiter:

»Ich weiß nicht / bin ich arm oder reich /
Oder geht es mit mir zum Verderben /
Oder komm ich noch einmal gesund nach Haus /
Oder muß ich vor dem Feinde sterben.«

Es war eine nachdenkliche und milde Melodie und doch wie verhaltener Sturm darinnen. Hell und dunkel erschien mir das Lied / hob mein Gemüt hoch empor und umfing es doch wieder mit Beklommenheit.

Da plötzlich kam von hinten her ein Reiter vorbeigeprescht / ganz dicht am Straßenrand und fuhr wie das böse Wetter dahin / daß mein Tier erschreckt in die Hinterfüße stampfte. Und im Blitz des Vorbeisausens erkannte ich /

daß es der Kaiser sei. Bis auf den heutigen Tag weiß ich nicht / was mich antrieb. War es die Erinnerung an den Schwarzgepanzerten von heute Nacht / der seinen Gaul zu Tode gejagt / die mich jetzt befiel / war es die Wut / die ich im vorübersausenden Kaiser verspürte und die mich mitriß / oder all die in mir angesammelte Erwartung / die jetzt mit einem Mal in mir zu sieden begann... ich hackte die Sporen ein und galoppierte dem Kaiser nach. Hinter mir fegte das Lied her / das die Reiter sangen / vor mir stob der Kaiser dahin und es war / als müsse ich ihn erjagen. Ich wußte von nichts mehr. Mir klangs nur in die Ohren: »Ich weiß nicht / bin ich arm oder reich. Oder geht es mit mir zum Verderben.« Und sonst konnte ich weiter nichts denken. Den Kaiser einzuholen / war ich nicht imstande / aber wie wir beim Fußvolk vorübersprengten / hörte ich ihn zu dem Obristen hinüberrufen: »Es geht all zu langsam. Das Fuhrwerk muß rascher fahren.«

Jetzt waren wir bei den schweren Wagen / die in langer Reihe bedächtig dahinzogen und Mühe hatten im tiefen Kot nicht stecken zu bleiben. Jetzt sah ich / wie der Kaiser über einen Kutscher herfuhr / der neben seinen Gäulen fürbaß schritt. Jetzt sah ich des Kutschers Hand / wie sie auf dem Hinterteil des einen Zugpferdes auflag / diese breite / rote / große Hand... ich erkannte sie in der Sekunde: Das war der Kaspar Dinckel / den ich vergessen hatte. Wie ein Feuer gings mir jetzt auf / und zugleich auch / daß ein Unheil bevorstehe. Eine furchtbare Beschämtheit und eine eiskalte Angst schnürten mir im Nu die Kehle. Ich spornte mein Pferd wie rasend. Jetzt hatte ich Eile / jetzt auf einmal hatte ich Beflissenheit und Drang und Begier / dem Kaspar Dinckel mein Wort zu halten.

Aber ehe ich ihn noch erreichen konnte / war alles schon vorüber.

Ich hörte das breite vlämisch gequetschte Deutsch / womit der Kaiser ihn anschrie: »Treib Deine Gäule an / Bursch / es geht all zu langsam...«

Er rührte sich nicht / zog seine Hand nicht vom Schenkel des Pferdes / ließ sie breit darauf liegen wie vorher. Unbekümmert schritt er dahin / den blonden Kopf zwischen die breiten Schultern geduckt / mit schleppenden Schritten. Ich sah / daß er widerspenstig war. Ich trieb mein Pferd / daß es schnaubte. Ich stellte mich in den Bügeln auf. Wenn ich dazu komme / wenn er mich erkennt / dann ist alles gewonnen. Rascher als ein Funken aufstiebt / jagte die Angst mir solches Erwägen hervor.

»Hörst nicht / Kerl!« schrie der Kaiser und seine Stimme schnappte. Der aber ging / die Hand auf dem Pferde liegend / als höre er nichts / als sähe er niemanden.

»Kaspar...!« wollte ich rufen / denn nun war ich nahe.

Aber der Kaiser hatte seinen Stecken erhoben und schlug zu. Ich sah den Streich auf die breite Schulter herabzucken / ein kleiner / schwächlicher /

boshafter / rasch hinschnalzender Streich: »Da hast...« kreischte der Kaiser / »da hast...!«

Da reckte sich der Fuhrknecht auf. Mir stockte der Atem wie er's tat. Wie er dastand / das gute Angesicht von einem jähen Zorn lodernd und bös zusammengefaßt / wie er ausholte mit dem Arm ... Und im weiten Bogen pfiff seine Peitsche / pfiff und schmitzte dem Kaiser übers Haar / über die Stirn / mitten über das kleine / blasse / entsetzte Antlitz.

»Daß dich spanischen Bösewicht Gotts Element schänden möge!« rief er mit seiner schweren / langsamen Stimme. Und stand noch aufrecht mit freier wutbrennender Stirn und schimpfierte den Kaiser noch mit den funkelnden Augen.

Er kennt ihn nicht / durchfuhrs mich / kennt den Kaiser nicht und dabei durchfuhr mich die unerklärliche Zuneigung / die ich für den Burschen hatte / durchfuhr mich der Jammer über sein Elend / durchfuhr mich die Pracht seiner Gebärde / die frische Kraft seines ausschwingenden Armes und zugleich auch durchfuhr mich Geringschätzung gegen den schwächlichen /kleinen Mann /der da verkauert im Sattel hing und von dem jungen Kutscher gepeitscht worden war.

Mit Gewalt riß ich mich aus dem Zwang dieses Augenblicks / ließ mein Pferd noch ein paar Sprünge tun und befand mich an des Kaisers Seite. Jetzt erst ersah mich der Kaspar Dinckel. Zu spät. Wäre er auch nur um zwei Atemzüge früher meiner gewahr geworden / ich hätte ihn noch retten können. Seine grimmig gestrafften Züge lösten sich im Nu. Das Gesicht wurde ihm gleich ganz hell. Er lächelte mir entgegen und senkte doch wieder rasch in Beschämung die Augen. Ich wollte ihn anreden / aber da hörte ich den Kaiser zischen und pfauchen und wie ich mich gegen ihn wandte / deutete er nur immer mit fuchtelndem Arm wie rasend auf den Kaspar / indessen sein Mund keuchend offen stand und ihm der Schaum über die Lippen trat. Seine Stimme war von Wut / von Schmerz und Krampf völlig verhängt / jeder Ton zugeschnürt / und vom Schnappen des Atems zerpreßt. »Henken...!« kreischte er »... Henken...! stracks... an den nächsten Baum!« Seine Augäpfel verdrehten sich / er stieß nur ein kurzes Heulen noch heraus / das umkippte ehe die Zunge es erwischen und ein Wort daraus machen konnte. Dann sank er nach hinten über / als sei er von einem Lanzenstoß aus dem Sattel gerannt.

Es hatten sich etliche Leute schon herumgesammelt / von denen einige den Kaiser auffingen. Andere legten allbereits Hand an / um Kaspar zu fahen.

»Das ist der Kaiser gewesen / dem Du so mitgespielt hast...« rief ich nun laut. »Laßt ihn los / er hat den Kaiser nicht gekannt...«

Die Männer gaben ihn frei und Kaspar Dinckel bekreuzte sich. »Dann sei Gott meiner Seele gnädig...« sagte er.

Wir sahen einander traurig in die Augen / und mir preßte eine solche Pein das Herz zusammen / daß Kaspar es wohl merken mußte: »Ich hab wirklich geglaubt / es sei nur so einer... von den spanischen Windhunden...« Und weil ich schwieg / setzte er hinzu: »Die wollen immer nur die Gäule schinden...«

»Wirf Dich zu des Kaisers Füßen / Kaspar...« rief ich und fühlte wohl / wie meine Lippen dabei zitterten.

»Ach nein« / sagte Kaspar mit sanftem Trotz in den Augen. »Nun ist es getan / nun sollen sie mir auch den Strick drehen...«

»Bitt um Dein Leben / Bursche!« Ich wollte streng sein / wollte daß es ein Befehl werde / aber es klang wie ein angstvolles Bitten und es schauten alle erstaunt zu mir her.

»Dem Kaiser ist sehr übel...« sagte einer von den spanischen Rittern / die nach und nach herbeigekommen waren. Ich sah hinüber / den Kaiser von den Seinigen umringt / halb im Sattel sich wieder aufrichtend. Seine Augen waren noch verdreht und wie gebrochen und sein Kopf wackelte hin und her.

»Was gibts da / was war da?« rief eine schmetternde Stimme vor mir / die ich kannte. Es war der Hauptmann Rosenzwick / der um sein Fuhrwerk bekümmert / an den Kreis sprengte.

»Der Knecht da... hat den Kaiser ins Gesicht gehaut...«

»Mit der Peitschen...«

»Nein / mit der Faust...«

Die Leute schrien durcheinander.

»Er soll gehenkt werden / hat der Kaiser befohlen.«

»Sogleich an den nächsten Baum..«

Der Rosenzwick schielte von der Seite her zu der Gruppe hinüber / wo der Kaiser war / und ich meinte zu bemerken / wie ein leises Schmunzeln unter seinem weißen Schnurrbart zuckte.

»So! So!« knurrte er. »Dann henkt ihn nur gleich auf.«

Schon ward Kaspar wieder an der Schulter ergriffen.

Aber ich warf mich dazwischen: »Herr Hauptmann vergönnt mir ein Wort...« Ich ritt ganz nah an seine Seite. »Der Bursch da ist ohne Schuld. Hat den Kaiser nicht erkannt. Ich bitt Euch / Herr / laßt ihm Zeit / und ich werfe mich dem Kaiser zu Füßen. Ich bitt Euch / ich bitt Euch / ich bitt Euch!« Halb von Sinnen schrie ich ihm das zu. Er sah mich an.

»Was wollt Ihr junger Mann?«

»Laßt mir den Burschen... ich steh mit meinem Kopf für ihn. Gebt eine Stunde Frist...« Und die Frage in seinem Auge erspähend / antwortete ich vorweg: »Ich bin der Junker Wenzel auf Rehberg / stehe bei dem Markgrafen von Kulmbach... und ich bitt Euch... ich bin in das Schicksal dieses Burschen verstrickt...«

»Es ist viel gewagt / Herr Junker.«

»Ich wage alles« / schrie ich auf. »Alles wage ich.«

»Nehmt ihn also auf eine Stunde..«

»Ich danke Euch / Herr Hauptmann ...« Und eilig befahl ich / daß Kaspar hinweggeführt werde / zu meinen Reitern.

»Erst bindet ihn« / befahl der Rosenzwick / »er muß gebunden werden ...«

»Ich mags nicht leiden...« rief der Bursche wie toll. »Bin mein Lebtag nicht gebunden worden... sollen mich lieber gleich aufhängen...«

»Kaspar...« redete ich ihn an. Da bot er willig seine Hände dar und lächelte noch nach mir zurück / als sie ihn fortbrachten.

»Zum Kaiser jetzt« / sagte ich mir / riß mein Pferd herum und lenkte es ins Gras / wo seitab vom Wege das Gefolge noch immer um den Herrn bemüht war. Sie hatten seinen Gaul gewendet / daß er nun mit dem Rücken gegen die Straße stand / auf der die Truppen langsam vorbeizogen.

Es war ein dichtes Getümmel um den Kaiser / denn alle Personen von Rang waren herbeigesprengt / weil es im Flug durch die Armada geeilt war / der Majestät sei ein Unglück geschehen.

Den Markgrafen von Kulmbach / der auch mit dabei war / ging ich sogleich um seine Fürsprache an. »Laßt mich zufrieden mit Eurer Narrheit« / schrie er mir in die Augen. »Der Kerl soll baumeln!«

»Herr Markgraf« / drang ich auf ihn ein / »des Burschen Blut kommt über mich...«

Er brüllte. »Was geht's mich an? Lamentiert nicht so um solch ein Vieh ... es wird so schad nicht sein...«

»Erlaubt Herr Markgraf« / sprach da der Rosenzwick dazwischen / »es ist ein kreuzbraver Geselle / der den Kaiser nur in aller Unschuld geschlagen hat... und« — er schien wieder zu schmunzeln — »aus Haß gegen die Spanier...«

»Er hat nicht gewußt / daß es der Kaiser war« / begann ich wieder.

Der Markgraf wurde ruhig und nachdenklich. Das benützte ich und fing nochmals von vorne an und stellte ihm den ganzen Hergang dar.

»Schließlich« / sagte der Rosenzwick / »was braucht er sich um mein Fuhrwerk zu kümmern?... Was braucht er meine Kutscher schlagen... zum Teufel mit dem ganzen Unwesen / dem spanischen!«

»Jawohl!« schrie der Markgraf plötzlich heraus / »henken... henken... bei uns nur immer henken / spießen und rädern... Wegen solch einer verdammten Dummheit einfach henken...!«

Indessen ward in dem Getümmel eine Gasse frei und der Kaiser kam langsam hindurchgeritten. Er war noch sehr bleich und blickte wie im Traum.

»Sitzt ab und kniet...« flüsterte mir der Markgraf zu.

Wie der Blitz waren wir alle von den Pferden und ich lag auf dem Boden. Der Kaiser hielt an und hinter mir hörte ich den Markgrafen sprechen: »Dieser Junker da / wenn es Euer Majestät nicht mißfällt / bittet um Gnade für den armen Fuhrknecht...«

Der Kaiser verzog das Gesicht / schaute umher / als spähe er an den Bäumen und sprach mit erwürgter Stimme: »Noch nicht gehenkt?«

»Der Junker da bittet um Gnade« / fuhr der Markgraf unbekümmert fort.

»Henken! Henken!« schrie der Kaiser.

»Es ist ein ehrlicher Mensch!« knurrte der Rosenzwick. »Schenk Euer Majestät ihm das bißl Leben... ein braver Kerl.«

Auf den Knien liegend / das Haupt gesenkt / hörte ich über mir des Kaisers Stimme / breitgequetscht / überschnappend / zornig: »Henken! Henken!«

Ich sprang auf / denn ich mochte es nicht länger leiden im Staube vor ihm zu liegen. Nun wollte ich sprechen / sann darüber nach / womit ich ihn wohl bewegen könnte / aber wie ich ihn so vor mir erschaute / ganz blaß und armselig und mit giftiger Miene umherlauernd / meinte ich ihn zu ertappen / wie er sich inwendig freute / uns zu quälen / wie es ihn nach unseren Bitten gelüstete und da ging mir eine schallende Rede im Kopf herum / die ich nicht wegbrachte / sie ward lauter und lauter und schlug mir beinahe zum Mund heraus: Daß dich spanischen Bösewicht Gotts Element schänden möge! Ich wandte die Augen von ihm / sah an ihm vorbei zur Straße hinüber / wo all die Soldaten dahinzogen. Die läßt er alle marschieren / mußte ich denken. Das Lied sprang in mir auf. »Er macht es wie's ihm gefällt.« Ist alles ringsumher nur für ihn / und das zwang mich wieder / ihn anzuschauen.

»Er hat des Kaisers hohe Person nicht gekannt« / sagte eben der Markgraf. Aber es kam kein Bescheid. Wir standen umher / wußten nichts zu sagen und mir fiel plötzlich wieder ein / was ich tags zuvor hatte denken müssen: Daß wir alle um ihn herumstanden / wie um ein fremdartig Tier. Jetzt war es mir genau wiederum so. Dort saß er zu Pferd / blickte spähend / mit Angst und Wut / mit Haß und Schadenfreude auf uns. Hier standen wir und schauten mit Angst und Neugierde auf ihn / und lag eine unermeßliche Weite zwischen uns wie von Ufer zu Ufer des Meeres / wie von einer Welt zur anderen.

Ich nahm meinen ganzen Mut zusammen / aber als ich zu reden anfing / ward ich staunend gewahr / daß ich gar keinen Mut mehr nötig hatte. Alle Scheu war von mir gewichen und ich sagte laut: »Ich biete mein eigenes Leben für das des Knechtes...« in mir selbst aber ging eine andere Rede weiter: Daß dich spanischen Bösewicht Gott's Element schänden möge!

Der Kaiser blinzelte mich an. Ich schwieg. Zwei- / dreimal wollte ich anheben und weiter reden / er aber blinzelte mich wißbegierig an / wie man einen Menschen betrachtet / der den Veitstanz hat / oder dem sonst sehr übel ist. Und ich schwieg unter diesen blinzelnden Augen. Ich haschte in meinem Herzen nach der Courage / die mir entgleiten wollte; es half nichts / sie schwand mir dahin und hätt' ich mich gleich zu Tode geschämt / sie war mit einem Male fort / irgendwo in mir verkrochen / von den Blicken des Kaisers verscheucht und kam erst langsam wieder hervor / als nun ein anderer zu reden begann.

Das war der Markgraf. Indessen schaute ich auf den Striemen in des Kaisers Antlitz. Er lief aus dem Haar hervor / die Stirne abwärts / sprang von den Brauen zur Wange und stürzte sich / ein dünner brandroter Faden / in den schütteren Bart.

Plötzlich hörte ich den Rosenzwick sagen: »Es ist mein Kutscher / gnädiger Herr / laßt ihn mir / ich will ihn schon strafen. Nur gehenkt soll er nicht werden / denn er ist brav und hat's nicht verdient.«

Der Kaiser wandte seinen Blick zu mir / als wollte er mich auffordern / weiter zu bitten. Von beiden Seiten stießen mich der Markgraf und der Rosenzwick an: »Ich flehe um Eurer Majestät Gnade. Es ist ein so lieber Bursche / ich wollt' ihn in meine Dienste nehmen / Majestät / ich bin schuld daran / Majestät ... mein Herz hängt an dem Gesellen.«

Der Kaiser lächelte. So überraschend war dieses Lächeln / daß ich fassungslos zu sprechen aufhörte. Da stieß mich der Rosenzwick an / daß ich erwachte: »Kniet nieder und dankt dem Kaiser... Euer Bursche ist begnadigt...«

Ich warf mich flüchtig zur Erde / hielt die Hand vor den Mund / damit das Jauchzen in mir nicht laut hervorschmettern solle /und dann murmelte ich irgend ein Zeug ohne Sinn / stotternd ... Majestät... und wieder... Majestät. Wie ich aber zu Pferde sprang / fing ich einen seltsamen Blick auf / den mir der Kaiser nachsandte. Es war wie ein kaltes Staunen / und als ob er mir's nicht gönnen wolle / daß ich nun meinen Willen hatte. Im Abreiten spürte ich ihn noch im Rücken hinter mir herstechen / diesen Blick / und alle meine Freude war davon wie verschüchtert. Da ich jedoch nach kurzem Traben dem Kaspar begegnete / den sie gefesselt hinter unserer Schwadron einherführten / war ich doch des Glückes voll / weil nun alles so gut abgelaufen schien. Ich winkte ihm zu / lächelte / und schrie: »Gebt ihn los / Ihr Leute / der Mann ist frei!«

Kaspar schwieg still. Doch während sie ihm dann abseits des Weges im Grase die Stricke lösten / schauten wir einander an / und mir war so warm zu Mute / als hätte ich einem verlassenen Kinde Gutes erwiesen.

Sowie Kaspar der Bande ledig war / hob er mit einem singenden Schrei die Arme hoch in die Luft / warf die Hände / und trieb es fröhlich genug. Alle lachten. Ich lachte auch / und am meisten der Kaspar.

Dann trat er zu mir / und den Hals des Pferdes streichelnd / sagte er: »Es ist derselbe Fuchs / den Ihr gestern hattet...«

»Und von heut' ab sollst du ihn pflegen« / meinte ich.

Kaspar schaute lachend zu mir auf: »Jetzt muß ich schon Euch gehören / gnädiger Herr / denn Ihr habt mich ja gradaus vom Galgen geholt.«

»Was bist du auch so dreist?« schalt ich ihn.

Er aber meinte: »Ich bin gar nicht dreist / Herr Junker / mich hat's nur wegen der Pferde verdrossen...«

Indessen sprengte einer von den spanischen Offizieren heran. Er hielt am Wegsaum / wie er uns auf der Wiesen erspähte / kam dann zu uns / und an sein Hütchen greifend / fragte er mich: »Ist das dort der Schuft / der dem Kaiser mit der Peitschen ins Gesicht gefahren ist?« Und ohne meine Antwort zu erwarten / rief er die Soldaten an: »Heda! Hole einer von Euch den Profosen. Aber schnell!«

»Was wollt Ihr?« rief ich zornig. »Der Kaiser hat ihm gerade das Leben geschenkt.«

Da meinte der Spanier höhnisch: »Das Leben freilich. Das will ich ihm auch nicht nehmen. Aber seine Nase und seine Ohren wird er mir schon hergeben müssen.«

Kaspar sah mich erstaunt an und ich wurde zornig: »Kein Haar werdet Ihr dem Burschen da krümmen...« schrie ich dem Spanischen ins Gesicht.

»Ihr werdets nicht hindern...« erwiderte er mir langsam.

»Herr!« ich hob mich dabei in den Bügeln / »ich rat Euch / treibt Eure Possen anderswo...«

»Ich treibe keine Possen. Ich komme vom Kaiser.« Er sprach immer langsam und wie mir schien verächtlich.

»Er ist begnadigt... in Teufels Namen...« / sagte ich erbost.

»Da habt Ihr recht« / rief in diesem Augenblick der Leutnant Schnabel / der eben herangaloppiert kam. »Da habt Ihr recht... in des Teufels Namen begnadigt. Gebt Euch zufrieden Rehberg / es ist wie der Hauptmann sagt.«

Nun wurde mir plötzlich Angst. »Was meint Ihr denn?« fragte ich den Schnabel / »der Kaiser...«

Der Schnabel lachte verlegen: »Den Galgen hat ihm der Kaiser geschenkt... ja... freilich... aber ungestraft läßt er seine Keckheit nicht.«

Weil er nun merkte / wie's mich angriff / redete er mir im Ernste zu / und berichtete mir genau / was des Kaisers Wille sei: »Ihr habt Euch zu rasch davon gemacht / Junker Rehberg. Der Kaiser folgte Euch lange mit den Augen / ward dann nachdenklich und befahl zuletzt / was Ihr vom Spanier gehört habt. Es soll ein Signum sein / sagte der Kaiser / daß der Bursch sich an kaiserlich römischer Majestät Person vergriffen hat. Schaut nicht so wild und faßt Euch. Es ist nichts mehr dran zu ändern...«

»Und hat niemand« / fragte ich verzagt / »hat niemand von Euch ein Wort darüber gered't?«

»Das hat der Rosenzwick sich erlaubt.« Schnabel lachte wieder. »Der hat ja immer ein loses Maul.«

»Und was sagte er dem Kaiser?« drängte ich.

»Er meinte / nun habe der Junker Rehberg sich vergeblich gefreut / und es sei doch nur eine halbe Gnade.«

»Weiter nichts!« fuhr ich empört heraus / »weiter hat er ihm nichts gesagt ...«

Schnabel war erstaunt: »Noch mehr? Wißt Ihr denn / was der Kaiser darauf erwidert hat? Wer hieß den Junker sich freuen / meinte er. Und dann: wenn ihm der Bursch gar so lieb ist / wird er ihn auch ohne Nase und Ohren behalten...«

»Gewiß« / rief ich aus / »ich will ihn halten und pflegen und er soll mir nicht geringer sein / weil ihn der Henker geschändet hat.«

Und plötzlich / ich wußte selbst gar nicht warum / brach ich los: »Was hab ich denn dem Kaiser getan / daß ihn meine Freude verdrießt?«

»Besinnt Euch« / meinte der Schnabel scharf / »der Kaiser weiß nichts von Euch / er kennt Euch nicht...«

In diesem Augenblick sprach mich Kaspar an. Er hatte während dieser Wechselreden immer nur mich voll Zuversicht angeschaut. Jetzt stand er neben meinem Bügel und redete zu mir: »Ist es wahr / gnädiger Herr / daß ich solchen Gräuel erleiden soll?«

»Es ist wahr / mein armer Kaspar ... leider Gottes...« Ich vermochte seinen Blick nicht auszuhalten.

Da faltete er die Hände / und seine Stimme klang seltsam verändert / wie aus einem Abgrund zu mir herauf: »Gnädiger Herr / das nicht... um mein Leben hätte ich nie gebeten... aber laßt das nicht an mir geschehen... ich bitte Euch.«

»Kaspar« / antwortete ich ihm / »bei Gott / ich kann dir nicht helfen. Ich will gern alles für dich tun / was du nur verlangst / aber...«

Er fiel mir ins Wort: »Ist das Euer Ernst / daß Ihr alles für mich tun wollt?« Und seine Augen trafen mich mitten ins Gesicht / als suchten sie nach meinem guten Willen.

»Ich schwöre es dir / Kaspar« / sagte ich in diesen Blick hinein / »was du verlangst / will ich tun.«

Er spähte rasch zur Seite nach dem Spanischen und dem Schnabel / die sich miteinander unterhielten. Dann flüsterte er auf die Pistole in meinem Sattel deutend: »Da habt Ihr etwas / was mir helfen kann.«

»Kaspar« / rief ich leise. »Du bist ein Mann / wirst es verschmerzen und noch lange leben... bei mir leben.«

»Nicht bei Euch und nicht anderswo. Ich ertrag's nicht / gnädiger Herr. Verzeiht mir / aber das leid ich nicht. Haltet Euer Wort / und alles wird sein / als hätt' mir der Kaiser nicht das Leben geschenkt... besser noch / denn der Henker wird mich nicht angerührt haben...«

Ich schaute / während er mit festem Tone also redete / in sein helles Gesicht / darauf die Jugend blühte / und auch mir war's unerträglich / daß er von Blut und Wunden sollte entstellt / unkenntlich und verstümmelt werden. Ich war auf einmal beinah froh und wie getröstet / weil der Kaiser damit um seinen Willen kam und ganz sachte flüsterte ich ihm zu: »Nimm dir / was du willst...«

»Nein« / entgegnete er mit einem unbeschreiblichen Lächeln. »Ich selbst darf es nicht tun / um meiner Seele Willen« / und dabei drang er mit seinen Augen in mich ein.

»Kaspar...« / sprach ich / »... Freund...«

»Macht schnell...« flüsterte er mir zu / »jene werden nicht mehr lange warten / und der Spanier soll mich nicht haben.«

»Nein« / gab ich zurück / als lenke er meine Worte in mir / »der Spanier soll dich nicht haben...«

Er lachte frisch auf und trat näher heran.

»Kaspar...« fing ich an / »vergib mir die Schuld / die ich um dich trage...«

Er streichelte die Mähne meines Pferdes: »Gnädiger Herr / ich hab nichts zu vergeben / vielmehr müßt Ihr mir verzeihen /... und laßt Euch danken / weil Ihr so barmherzig zu mir seid.«

»Kaspar« / sagte ich noch einmal / aber er hatte seine Wange auf den Hals meines Pferdes gelegt. So stand er vor mir und sah zu mir herauf / und ich hörte / wie seine Hand die Brust des Tieres klopfte / damit es ruhig bleibe.

Da zog ich das Pistol hervor und während wir uns in die Augen schauten / setzte ich ihm den Lauf an die Schläfe. Wie dann der Schuß fiel und der erschrockene Gaul ein paar Schritte tat / sah ich Kaspars lächelndes Antlitz unter mir versinken und sah noch / wie es im Abgleiten von der ersten Blässe des Todes überflogen ward.

Jetzt gab ich meinem Tier die Sporen und sprengte im Bogen auf die Straße zurück. Rascher als vor kurzer Frist der Kaiser an mir vorbeigesaust war / galoppierte ich die Reihen entlang bis ich den Markgrafen ersah / inmitten seiner Offiziere. Stracks redete ich ihn an: »Herr Markgraf / vergönnt mir / daß ich Abschied nehme.«

Der wilde Kulmbach sah mich verdutzt an und die an seiner Seite waren / horchten auf.

»Was gibts / was wollt Ihr?« fragte der Markgraf.

»Abschied von Euch nehmen / Exzellenz« / sagte ich ruhig.

»Ihr seid wohl toll geworden?« brüllte er los.

»Das bin ich keineswegs / Herr Markgraf. Ich war es gestern und heut vielleicht / aber in dieser Stunde bin ich wieder bei Sinnen.«

»Ich versteh Euch nicht!« schrie der Markgraf erbost. »Laßt mich in Frieden / ich mag das Geschwätze nicht. Macht / daß Ihr auf Eueren Platz kommt!«

»Mein Platz / edler Herr / ist nicht hier / und deshalb will ich Urlaub nehmen.«

Ein junger Leutnant mengte sich ein. »Gewiß ist es die Sache mit dem Fuhrknecht / die Euch verdrießt. Macht doch nicht so viel Wesens um solch einen Kerl.«

Bevor ich ihm aber antworten konnte / wetterte mich der Markgraf an: »Ich weiß es schon! Da habt Ihr wider des Kaisers Mandat verfahren / Herr. Seid froh / daß ich Euch nicht schwer drum büße.«

»Ihr könnt mich gar nicht büßen / Herr Markgraf / denn noch habt Ihr mich nicht in Eid genommen. Ich aber will auch gar nicht mehr zu des Kaisers Fahnen schwören.«

»Habt Ihr gestern so gewollt und heute so? Seid Ihr ein kleines Kind / oder habt Ihr mich zum besten? Wißt Ihr / daß es gradaus in den Krieg geht / und macht Euch unterwegs davon?«

Der Junge lachte höhnisch.

»Herr Leutnant« / antwortete ich seinem Lächeln / »wenn Ihr mit mir dort auf die Wiesen wollt / da möcht ich Euch schon zeigen...«

»Der Teufel wird mit Euch auf die Wiesen!« tobte der Markgraf / »wer die Sache des Kaisers verläßt / ist ein Schelm und mit Schelmen ficht kein ehrlicher Soldat!... Macht / daß Ihr fortkommt!« fuhr er mich an / als ich ihm entgegnen wollte.

Langsam wandte ich mein Pferd und langsam ritt ich querfeldein / bei Tag und bei Nacht / bis ich wieder zu Hause war / in Böhmen.

Und es sind viele Jahre verflossen seit jenem Tag. Kaspar / dachte ich damals... Er war gerechter gegen das liebe Vieh und milder / als der Kaiser gegen ihn gewesen. Der Kaiser / dachte ich weiter. So ist dies alles geschehen: Weil ich nur in seine Nähe kam / hat mich die Hoffahrt ergriffen / daß ich dem armen Burschen / der mir am Platz zu Augsburg die Zügel hielt / gleich meinen Dienst verhieß. Und dann hat mich dies Treiben so weit von meinem Worte fortgerissen / daß ich seiner nicht mehr gedachte. Wie geht das zu / dachte ich / was für eine Luft weht da / daß ich so schlecht werden mochte / solch ein Prahler / und so von Eitelkeit und von Untreue ergriffen? Neben mir stand der Rosenzwick in jenem Saale / wo die nackten Dirnen tanzten. Hätte ich ihn angeredet / mit wenig Worten nur gebeten / dann wär der Kaspar nicht mehr beim Fuhrwerk gewesen / sondern bei mir / der Kaiser hätte ihn nicht angeschrien und mit dem Stecken geschlagen / und er hätte dem Kaiser nicht die Peitschen ins Gesicht geschmitzt. Dann läge er jetzt nicht dort / als ein Toter auf dem Anger bei Augsburg / sondern könnte sich seines Lebens und seiner Jugend freuen noch viele Jahre. Ein

Wort damals von mir / nur eines. Nicht einmal den Fuß hätte ich rühren brauchen / nicht einmal den Kopf wenden / nur den Mund auftun / so dicht stand der Rosenzwick an meiner Seite. Aber ich war in Völlerei / war in Wollust versunken / in schnöder Gier nach Rang und Ehre und hab' des armen / aufrichtigen Burschen vergessen. Und weiter ist es geschehen / weil diese Schuld auf mir lag / daß mein Herz jauchzte / als ich den Peitschenhieb gegen des Kaisers Antlitz erblickte. Es ist geschehen / daß dieser geringe Bursche / dem ich die Treue gebrochen / vor mir den Arm erhob und gleichsam den Schleier von des Kaisers Angesicht herabriß / also daß er mir als ein kleiner und elender Mensch plötzlich enthüllt ward. Es ist geschehen / daß ich ihn keuchend boshaft / mit Schaum vor dem Mund in all seinem Jammer erschaute / daß ich den feigen Blick aus seinen Augen ertappte und daß ich in meinem Gemüte vergeblich suchte nach der frommen Ehrfurcht vor dem Gesalbten des Herrn. Was war aus mir geworden von einem Tag auf den andern seit ich in Augsburg eingeritten voll Andacht und Achtung und voll Begier / dem Kaiser mein Schwert zu weihen? Es hatte sich also gewendet / daß ich ihn / wie ein Verräter / heimlich einen spanischen Bösewicht gescholten / und daß mein Arm als Rebell nach dem Schwert gezuckt hatte / um es gegen meinen Herrn zu ziehen. Es hatte sich also gewendet / daß mir jener niedere Knecht / der unter meines Pferdes Hufen veratmet hatte / teuerer war / als Kaiser Karls Majestät.

Und es sind viele Jahre verflossen seit jenem Tag. Nun aber ist mir die Kunde geworden / Kaiser Karl habe vor wenig Monden all seine Kronen von sich abgetan / sei in ein spanisch Kloster gegangen / und ein Mönch geworden. Ist ihm doch auch nicht wohl gewesen / und ich hab ihn am Ende doch nicht gekannt. Was wußte der Kulmbach von mir / und was konnte er denken / da ich ihm so davonging. Und was weiß ich vom Kaiser / als daß er in jener Unglücksstunde zornig gewesen. Einen Schelm hat mich der Markgraf geheißen / aber das ist leicht gesagt. Die Menschen reden und wissen nichts voneinander / und man kann es ihnen auf keine Art beweisen / wie sie Unrecht tun. Und die Welt ist so geworden / daß der Kaiser des Kaisers Sache verläßt. Ich bin kein Schelm. In Gottes Namen.